相続登記の本

成美堂出版

はじめに

いよいよ相続登記が義務化されました。これまで相続登記には相続税の申告のような申請リミットがなく、それが一因となり、登記を先延ばしにする事例が相次ぎました。長い年月の間に、所有者にさらに相続が生じ、「誰が所有者なのかわからない」、いわゆる、所有者不明土地が日本中にあふれ出したことがきっかけです。今後は、住所や氏名の変更登記を放置したままにしておくと過料の対象となる改正も行われます。

そもそも、不動産登記とは、あらゆる資産のなかでも非常に価値の高い不動産を、自分のものであると主張するために行う手続きです。したがって、相続登記や、住所・氏名の変更登記を行わねばならなくなったことは、本来の不動産登記法の趣旨に近づいたともいえます。

今後、多死社会に突入する中で、「義務化になったなら自分で相続登記を申請してみよう」と考える人が増えると想定されます。しかし、相続登記を行うためには、相続人を特定するためにたくさんの戸籍謄本を取得し、遺言書を探し、相続人間で話し合いを行って協議書を作成するなど、いくつものハードルがあります。

本書では、相続登記をわかりやすくひもとき、法律になじみのない方でもわかりやすいよう、丁寧に事例をまとめました。相続登記の申請にチャレンジする皆様、不動産会社、その他関連の事業者様の一助になれば幸いです。

令和６年５月吉日

司法書士・行政書士
山口里美

巻頭特集

パート1 最初の一歩 相続登記を知ろう

パート2 相続の基本ルールと知識

パート3 相続する不動産を確認しよう

パート4 相続登記の必要書類をそろえよう

パート5 法務局に相続登記を申請しよう

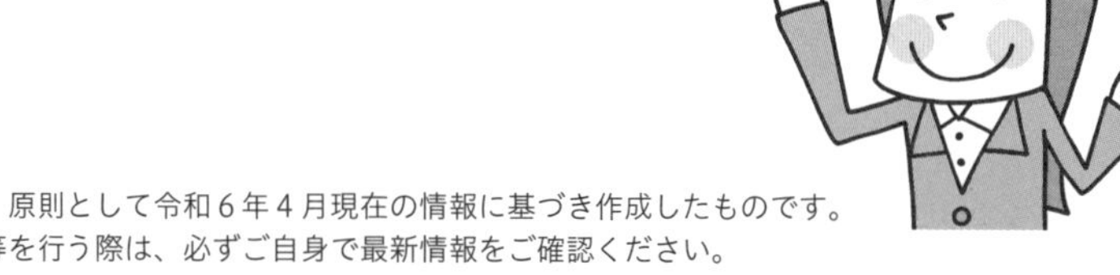

本書の内容は、原則として令和６年４月現在の情報に基づき作成したものです。
実際に手続き等を行う際は、必ずご自身で最新情報をご確認ください。

本書の構成

パート1　最初の一歩　相続登記を知ろう

相続登記とはどんなものか、どのように行うのか、基本ポイントと最新の情報をまとめました。

パート2　相続の基本ルールと知識

正しく相続登記を行うためには、まず相続のルールを知っておく必要があります。基本となる相続の知識を身につけておきましょう。

パート3　相続する不動産を確認しよう

相続する不動産は、正しい登記のためにも正確に調べなければなりません。登記簿（登記事項証明書）などから必要な情報を読み取りましょう。

パート4　相続登記の必要書類をそろえよう

相続登記に欠かせない、さまざまな必要書類の内容と取得の方法を確認します。一般に最も収集が面倒なのは戸籍です。

パート5　法務局に相続登記を申請しよう

これまでのパートを踏まえ、法務局への登記申請と登記完了までの手順を押さえましょう。相続登記以外の登記についても解説しています。

改正ポイントまとめ

相続登記が大きく変わった！

相続による不動産の名義変更（相続登記）は、令和６年４月から義務になりました。それにともない、登記の手続きや不動産の利用に関するルールが整備されています。こうした変化について知識を持っておきましょう。

所有者のわからない土地をなくすために

どうして相続登記が義務になったんですか？

所有者のわからない土地が全国的に増えているからです。相続登記や氏名・住所の変更登記を義務にすることで、不動産の所有者を明確にすることが目的です。

長期間登記が行われていないと、その間にさらに相続が発生して関係者が増え、登記自体が難しくなるという問題もありました。

所有者不明土地問題

所有者がわからない、また所有者の所在がわからない「所有者不明土地」が年々増え、国土の 20%以上にまでなっている問題。所有者不明の土地は、適切な管理や新たな利用・開発が行えないため、周辺環境の悪化を招いている。

なるほど。そうだったんですね。これからはしっかり不動産登記をしないといけませんね。

相続登記が義務になった ▶28 ページ

亡くなった人の不動産を相続した場合、その不動産の取得を知った日＊から３年以内に相続登記（所有権の移転登記）を行うことが相続人の義務となりました。

＊相続開始日など。

令和６年４月から

- 遺産分割協議により不動産を取得した場合は、協議が成立した日から３年以内。
- 令和６年３月以前に相続が始まっている不動産も対象。この場合は、施行日（令和６年４月１日）から３年以内に相続登記を行う。
- 期限までに相続登記をしていなかった場合、10 万円以下の過料となる可能性がある。

相続人申告登記ができるようになった ▶30 ページ

遺産分割協議などに時間がかかりそうで、期限内に相続登記ができないときなど、相続人の氏名・住所等だけを登記しておくことができるようになりました。

令和６年４月から

- 申請の期限は相続登記と同様。
- 遺産分割協議が成立したら、あらためて相続登記を行う。

所有不動産記録証明制度がつくられる

相続人は、亡くなった人名義の全国の不動産の一覧情報を、法務局から発行してもらえるようになります（所有不動産記録証明書の交付）。

令和８年２月２日から

- 本人またはその相続人が請求できる。

相続登記が義務化されたことにともない、登記をしやすくする制度もつくられています。

氏名や住所の変更登記が義務になる

▶162ページ

令和８年
４月から

氏名や住所などに変更があった場合、変更から２年以内の登記（氏名や住所などの変更登記）が義務になります。

- 令和６年３月以前の変更も対象。この場合は、施行日（令和８年４月１日）から２年以内に変更登記を行う。
- 期限までに氏名・住所変更登記をしていなかった場合、５万円以下の過料となる可能性がある。
- 住基ネットなどと連携して、氏名や住所の変更を登記記録に反映するしくみもつくられる。

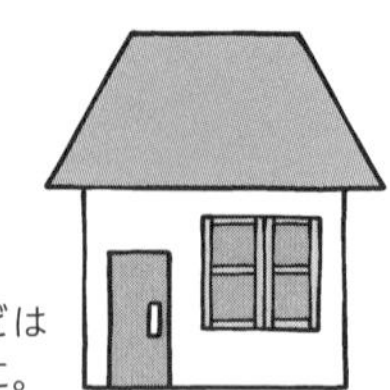

引っ越しをしたときなどは
住所変更登記を忘れずに。

戸籍の広域交付制度がつくられた

▶94ページ

令和６年
３月から

相続登記の義務化にともない、その必要書類となる戸籍の取得負担を軽減するため、最寄りの市区町村役場への請求で、全国の戸籍謄本をまとめて取得できるようになりました。

- 請求できるのは本人または配偶者、父母、子など。郵送請求は不可。
- 電子化以前の戸籍謄本（除籍謄本や改製原戸籍謄本など）は対象外。
- 戸籍抄本（個人事項証明書など）は対象外。

＋α　さまざまな手続きで戸籍が不要になる

- 戸籍の届け出（婚姻届など）の際、戸籍謄本（抄本）の添付が不要になる。
→令和６年３月から
- 行政手続き（児童扶養手当認定手続きなど）で、マイナンバーの利用により戸籍謄本（抄本）の添付が不要になる。**→令和６年度中予定**
- 行政手続き（旅券発給申請など）の際、「戸籍電子証明書」の活用により戸籍謄本（抄本）の添付が不要になる。**→令和６年度末予定**

土地の所有権放棄が制度化された（相続土地国庫帰属制度）▶32ページ

令和5年
4月27日
から

相続した不動産の所有権を、法務局に申請して放棄できるようになりました（土地は国に帰属する）。

- 審査手数料と負担金（10年分の土地管理費相当額。200㎡の宅地で80万円程度など）が必要。
- ただし、管理や処分に過大な費用や労力が必要な土地は認められない。

土地利用に関するルールが見直された

令和5年
4月から

所有者不明土地問題の解決のため、こうした土地の利用や管理などを円滑に行えるよう、さまざまな民法の改正が行われました。

共有のルールが見直された	土地建物の財産管理制度がつくられた
・共有者に所在不明の人などがいる不動産について、裁判所への申立てにより変更や売却を行えるようになった。	・所有者不明などの土地について、利害関係者の申立てにより裁判所に管理人を選定してもらえるようになった。
相隣（そうりん）関係ルールが見直された	**遺産分割ルールが見直された**
・隣地について、所有者やその所在が不明の場合、木の枝の切り取りや導管設置のための隣地利用ルールが整備された。	・相続開始から10年間遺産分割協議がまとまらない場合、原則として法定相続分または遺言内容により分割することになった（5年の猶予期間あり）。

自分でできる？

相続登記チェックシート

相続登記は専門家にまかせるほか、自分で行うこともできます。その判断のポイントは、登記内容がシンプルかどうかです。ケースによっては、無理せず専門家の手を借りたほうがよいこともあります。

1 相続のしかたについて

遺言書や相続人の話し合いで、ほぼ遺産分割の方法が決まっている。

NO

＼チェック／

こんなケースは難しい

- □ 遺言書が自筆証書遺言である（検認の手続きが必要→ 116 ページ）。
- □ 相続人以外の人が財産を引き継ぐ。
- □ 複数の相続が発生している（数次相続→ 143 ページ）。
- □ 亡くなった人に借金がある。

2 相続人について

相続人は１人または配偶者と子など２～３人程度で、関係は良好である。

YES

＼チェック／

こんなケースは難しい

- □ 相続人の数が多い。
- □ 相続人に連絡の取れない人や行方不明者、認知症の人などがいる。
- □ 相続人同士の仲がよくない。

3 相続する財産について

不動産は自宅のみで、そのほかの財産は
ほぼ預貯金など種類が少ない。

\チェック/
こんなケースは難しい

- □ 投資用マンションや別荘など、複数の不動産がある。不動産の所在地が遠い。
- □ 不動産のほか、株式や投資信託、保険商品などさまざまな財産がある。
- □ 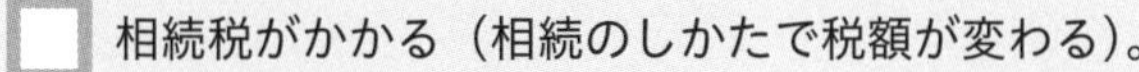相続税がかかる（相続のしかたで税額が変わる）。
- □ 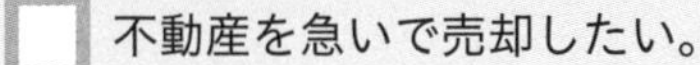不動産を急いで売却したい。

4 申請する人について

ある程度の時間を確保できる。
また、地道な作業が苦ではない。

\チェック/
こんなケースは難しい

- □ 事務的で地道な作業が苦手である。
- □ 仕事などが忙しく、あまり時間はかけられない。
- □ ほかの相続人などの協力が得られない。

1～4すべてがYESなら、
自分で相続登記をすることを考えてみましょう。

「こんなケースは難しい」に当てはまる項目がある場合	時間や手間が多くかかったり、専門知識が必要になるケースもあります。司法書士など、専門家への依頼を検討してみましょう。

効率的に進めよう

相続登記のスケジュール

本書の内容を理解しやすくするためにも、相続開始から登記完了までの道のりを確認しておきましょう。手順通りに進めれば、手続き自体はそう難しいものではありません。

被相続人が亡くなった（相続開始）

相続する財産を調べる ▶68 ページ

● 自宅だけでなく、貸金庫など思い当たるところはすべて調べる。

相続人を確定する ▶42 ページ

● 亡くなった人の生まれてから亡くなるまでの戸籍で確認することが必要。

遺言書の有無を確認する

遺言書がある

▶52、116 ページ

● 遺言にしたがって遺産を分割する。

次ページへ続く

遺言書がない

次ページへ続く

（遺言書がある）

自筆証書遺言なら
- 家庭裁判所の検認を受ける。
- 法務局保管なら検認は不要。

検認手続きは１週間〜１か月程度かかる。

公正証書遺言なら
- 検認は不要。

（遺言書がない）

遺産分割協議を行う

▶ 56 ページ

- 相続人の話し合いで遺産を分割する。

話し合いがまとまるまでに時間がかかることもある。

法定相続分で遺産を分割する

▶ 44 ページ

必要書類をそろえる

▶ 82 ページなど

- 相続登記に必要な書類を集める。作成するものもある。

亡くなった人の戸籍収集に最も時間がかかる。

登記申請書を作成する

▶ 128 ページなど

- ケースによって、記入方法がやや異なるので注意。

法務局に登記申請する

▶ 150 ページ

- 登記申請書と必要書類を提出する。
- 提出する法務局の場所を確認しておく。窓口に行くほか、郵送やオンラインによる申請もできる。

登記識別情報を受け取る（相続登記の完了）

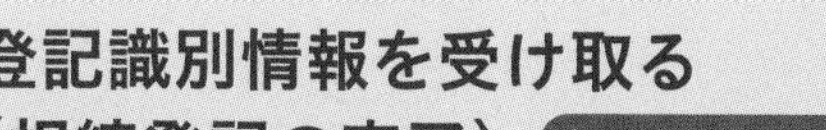

不動産の相続を知った日から３年以内という期限に注意します。

しっかり確認しておこう

8つの必要書類

相続登記ではさまざまな書類が必要です。登記申請時には、ケースごとに必要書類を確認して提出します。取得に時間や手間がかかることもあるので、事前によくチェックしておきましょう。

1 登記事項証明書（登記簿謄本）

▶70ページ

東京都世田谷区若林〇丁目〇　全部事項証明書　（土地）

表題部（土地の表示）		調製		不動産番号	
地図番号		筆界特定			
所在				余白	
①地番	②地目	③地積　㎡			
所有者					

権利部（甲区）（所有権に関する事項）			
順位番号	登記の目的	受付年月日・受付番号	権利者その他の事項

権利部（乙区）（所有権以外の権利に関する事項）			
順位番号	登記の目的	受付年月日・受付番号	権利者その他の事項

- 相続する不動産について調べる。
- 登記事項証明書の記載にしたがって、遺産分割協議書や登記申請書などに不動産の内容を記載する。
- 提出は不要。

2 遺言書

▶116ページなど

遺　言　書

遺言者渡辺進一は以下の通り遺言する。

第１条
遺言者は、妻渡辺礼子（昭和22年〇月〇日生）に、遺言者の所有する以下の不動産と建物内の家具・什器一切を相続させる。

（土地）
所在　東京都大田区大森北〇丁目
地番　2345番00
地目　宅地
地積　300㎡
（建物）
所在　東京都大田区大森北〇丁目〇番地〇
家屋番号　2345番00
種類　居宅
構造　木造かわらぶき２階建て

- 遺言による相続の場合、相続の内容を証明する。
- 自筆証書遺言か公正証書遺言かなどにより手続きが異なる。

3 遺産分割協議書

▶118ページ

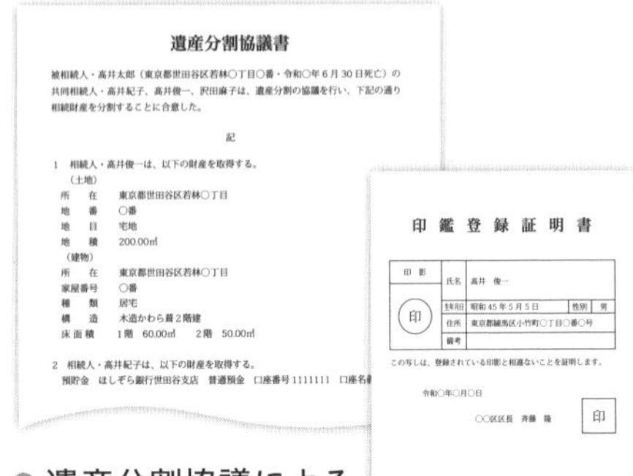

遺産分割協議書

被相続人・高井太郎（東京都世田谷区若林〇丁目〇番・令和〇年６月30日死亡）の共同相続人・高井紀子、高井俊一、沢田麻子は、遺産分割の協議を行い、下記の通り相続財産を分割することに合意した。

記

1　相続人・高井俊一は、以下の財産を取得する。
（土地）
所　在　東京都世田谷区若林〇丁目
地　番　〇番
地　目　宅地
地　積　200.00㎡
（建物）
所　在　東京都世田谷区若林〇丁目
家屋番号　〇番
種　類　居宅
構　造　木造かわら葺２階建
床面積　1階　60.00㎡　2階　50.00㎡

2　相続人・高井紀子は、以下の財産を取得する。
預貯金　ほしぞら銀行世田谷支店　普通預金　口座番号1111111　口座名

印鑑登録証明書

印影	氏名	高井　俊一		
印	生年月日	昭和45年5月5日	性別	男
	住所	東京都練馬区小竹町〇丁目〇番〇号		
	備考			

この写しは、登録されている印影と相違ないことを証明します。

令和〇年〇月〇日

〇〇区区長　斉藤　隆　印

- 遺産分割協議による相続の場合、相続の内容を証明する。
- 自ら作成する。

＋相続人全員の印鑑証明書

▶119ページ

4 戸籍関係書類

…戸籍謄本、除籍謄本、改製原戸籍謄本など

▶92ページなど

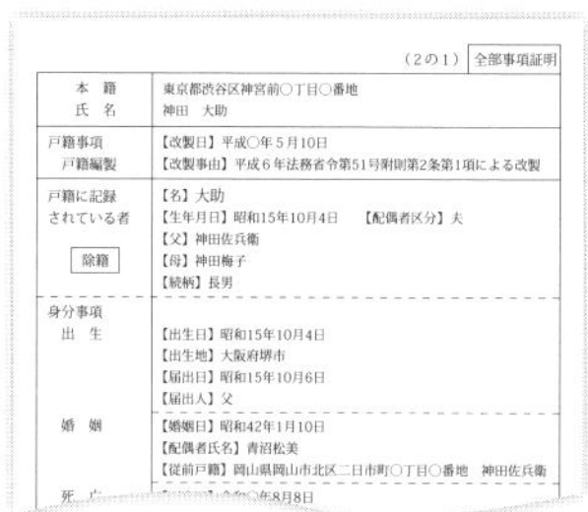

（2の1） 全部事項証明

本籍 氏名	東京都渋谷区神宮前○丁目○番地 神田 大助
戸籍事項 戸籍編製	【改製日】平成○年５月10日 【改製事由】平成６年法務省令第51号附則第2条第1項による改製
戸籍に記録されている者 除籍	【名】大助 【生年月日】昭和15年10月4日 【配偶者区分】夫 【父】神田佐兵衛 【母】神田梅子 【続柄】長男
身分事項 出生	【出生日】昭和15年10月4日 【出生地】大阪府堺市 【届出日】昭和15年10月6日 【届出人】父
婚姻	【婚姻日】昭和42年1月10日 【配偶者氏名】青沼松美 【従前戸籍】岡山県岡山市北区二日市町○丁目○番地 神田佐兵衛
死亡	令和○年8月8日

- 亡くなった人のもの（亡くなった事実を証明する）、相続人のもの（相続人が確かに生きていることを証明する）。
- 亡くなった人の生まれてから亡くなるまでのもの（すべての相続人を証明する）。
- 抄本（しょうほん）でよい場合もある。

5 住民票

▶106ページ

住 民 票

氏名	高井 俊一			個人番号	** 省略 **
				住民票コード	** 省略 **
生年月日	昭和 45 年 5 月 5 日	性別	男	住民となった日	平成○年3月30日
世帯主	高井 俊一			続柄	世帯主
住所	東京都練馬区小竹町○丁目○番○号		平成○年 3月30日転入		平成○年 3月30日届出
本籍	東京都練馬区小竹町○丁目○番			筆頭者	高井 俊一

- 亡くなった人のもの、相続人のもの（最新または最後の住所地を証明する）。
- または戸籍の附票（ふひょう） 

▶109ページ

6 固定資産評価証明書

▶110ページ

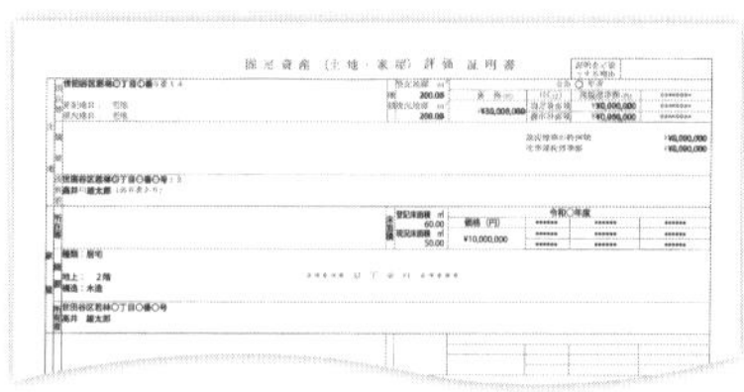

- 記載された不動産価格により、登録免許税を計算する。

7 相続関係説明図

▶112ページ

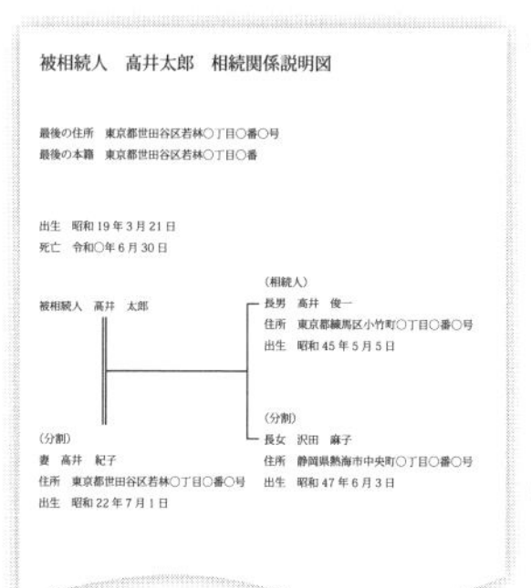

被相続人 高井太郎 相続関係説明図

最後の住所 東京都世田谷区若林○丁目○番○号
最後の本籍 東京都世田谷区若林○丁目○番

出生 昭和 19 年 3 月 21 日
死亡 令和○年 6 月 30 日

被相続人 高井 太郎

（分割）
妻 高井 紀子
住所 東京都世田谷区若林○丁目○番○号
出生 昭和 22 年 7 月 1 日

（相続人）
長男 高井 俊一
住所 東京都練馬区小竹町○丁目○番○号
出生 昭和 45 年 5 月 5 日

（分割）
長女 沢田 麻子
住所 静岡県熱海市中央町○丁目○番○号
出生 昭和 47 年 6 月 3 日

- 自ら作成する。提出により登記申請後に戸籍謄本等を返してもらえる。
- または法定相続情報一覧図。

8 委任状

▶122ページ

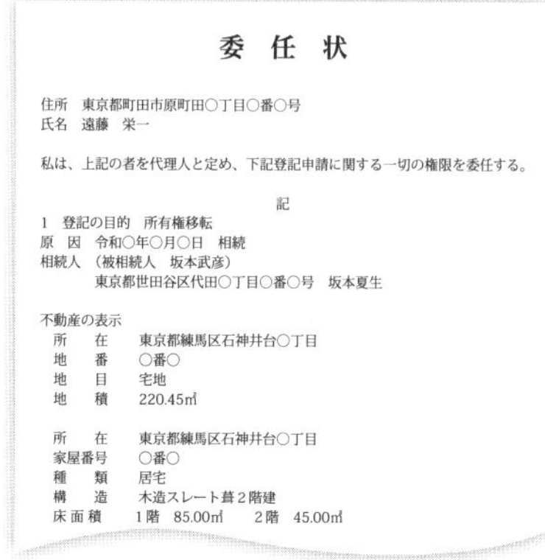

委 任 状

住所 東京都町田市原町田○丁目○番○号
氏名 遠藤 栄一

私は、上記の者を代理人と定め、下記登記申請に関する一切の権限を委任する。

記

1 登記の目的 所有権移転
原 因 令和○年○月○日 相続
相続人 （被相続人 坂本武彦）
東京都世田谷区代田○丁目○番○号 坂本夏生

不動産の表示
所 在 東京都練馬区石神井台○丁目
地 番 ○番○
地 目 宅地
地 積 220.45㎡

所 在 東京都練馬区石神井台○丁目
家屋番号 ○番○
種 類 居宅
構 造 木造スレート葺２階建
床面積 1階 85.00㎡ 2階 45.00㎡

- 第三者に手続きを依頼する場合に作成して提出する。

注・2、3、7、8の書類は、ケースにより準備や提出が必要になるもの。

相続登記完了！

登記識別情報とはこんなもの

登記が完了すると登記識別情報通知書が発行されます。不動産の所有者であることを公的に証明する、登記識別情報が記載された重要書類です。相続登記とはこの書類（情報）を手に入れるための手続きといえます。

登記識別情報通知書の例

登記識別情報通知

次の登記識別情報について、下記のとおり通知します。

【不動産】
世田谷区若林〇丁目〇番の土地

【不動産番号】
0000000000000

【受付年月日・受付番号（又は順位番号）】
令和〇年〇月〇日受付　第００号

【登記の目的】
所有権移転

【登記名義人】
練馬区小竹町〇丁目〇番〇号
高井俊一

（以下余白）

＊下線のあるものは抹消事項であることを示す。

令和〇年〇月〇日
東京法務局
登記官　冬木勘太

何が書いてあるか

- その不動産に割り当てられた登記識別情報（12ケタの符号）。

どんなときに必要になるか

- その不動産を売買したり、贈与したりするとき（所有権移転登記）。
- その不動産を担保に金銭を借り入れたり、それを完済したとき（抵当権設定登記、抵当権抹消登記）。

保管のしかた

- 登記識別情報を隠したシールなどはそのままにして、ほかの人に見られないようなところに保管する。
- 再発行はされないので大切に保管する。

以前の登記済証（権利証）が、登記簿の電子化にともない変更されたものです。

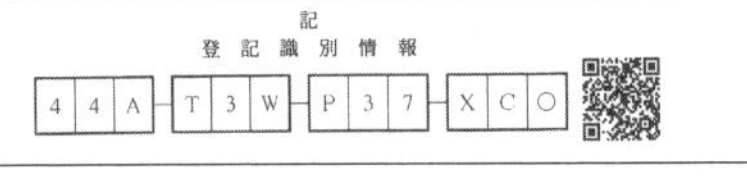

記
登記識別情報
44A-T3W-P37-XCO

シールなどの下に登記識別情報が記載されている。

パート1

最初の一歩 相続登記を知ろう

相続登記とはどんなものか、どのように行うのか、基本ポイントと最新の情報をまとめました。

このパートで取り上げている項目

不動産の持ち主などをあきらかにするしくみ

不動産登記は、土地や建物の権利などを公的に記録してあきらかにする制度。円滑な不動産取引などに役立てられる。

■ 所有者や権利状態を記録する

不動産登記とは、１つひとつの土地や建物について、どこにあって、どれくらいの広さで、持ち主は誰かといった情報を公的に記録する制度です。登記された情報（登記記録）は国（法務局）が管理しています。この不動産の登記記録は不動産登記簿（以下、登記簿）ともいいます。

不動産登記により不動産の権利関係があきらかとなり、登記の内容により権利者を確認したり、第三者に権利を主張することができます。こうしたことから円滑な不動産取引にも役立っています。

■ 登記事項証明書で確認できる

登記簿では、１つ＊の土地・建物ごとの情報を「表題部」「権利部」に区分して記録します。表題部には、どこにあるどんな不動産であるかが記録されます。権利部には、その不動産の持ち主（所有者）や、所有者以外がその不動産に対して持つ権利の内容が記録されます。

新しく建物がつくられると、所有者の申請により新しく登記簿が作成されます（所有権保存登記）。既に登記されている建物や土地は、持ち主の変更などがあったとき申請により登記記録が変更されます（所有権移転登記）。

登記記録は、法務局に請求することで発行される登記事項証明書により、誰でも見ることができます。

ひとくちメモ	**商業登記**　登記は不動産のほかにも種類があり、会社に関する登記を商業登記という。会社の名称・所在地、事業目的、代表者などを記録して、その法人の情報をあきらかにする。

＊登記簿では、１つの土地を１筆（ひつ、ふで）、１つの建物を１個（戸）として数える。原則として、この単位ごとの登記が必要になる（→ 36 ページ）。

国が管理する公の不動産記録

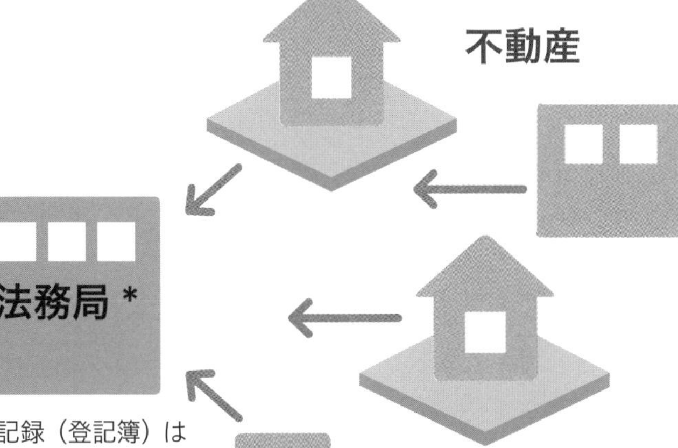

登記記録（登記簿）は国（法務局）が作成して管理する。

＊登記所ともいわれる。

土地や建物について、所有者などが登記を申請する（不動産の情報を登録する）。

【主な不動産登記の種類】

所有権保存登記…新しくつくられた建物について記録する。

所有権移転登記…土地や建物の持ち主が変わったことを記録する。

抵当権設定登記…土地や建物に対する「抵当権」（→ 164 ページ）の設定を記録する。

登記簿

【登記簿に記載される事項】

表題部…どこにある、どんな不動産か（所在地、面積、建物の構造など）

権利部…不動産は誰のものか、どんな権利状況か（所有者の住所・氏名や不動産についた権利や権利者など）

登記記録は誰でも見ることができる

法務局に、登記記録が記載された「登記事項証明書」の発行などを請求できる。

不動産の相続による持ち主変更を申請する

亡くなった人の持っていた不動産は、相続により所有者などが変わる。相続登記により登記記録の変更が必要になる。

■ 相続した人が登記を行う

相続登記は不動産登記の１つで、不動産の所有者が亡くなったとき、その不動産の名義変更を行う「所有権移転登記」です。**不動産の所有権などが、相続でどのように引き継がれたのかをあきらかにします。**

原則として不動産を相続した相続人が、新たな所有者として、その不動産の所在地を管轄する法務局に単独または共同（不動産の相続人が複数の場合）で登記を申請します（司法書士などに依頼することもできる）。遺言や遺産分割協議などで不動産を相続する人が決まったからといって、自動的に不動産の名義が変更されるわけではありません。

なお相続登記は、令和６年４月から不動産の相続を知った日などから３年以内に行うことが義務となりました（→ 28 ページ）。

■ 登記をしていないと不動産取引は難しい

相続した不動産の名義を変更していないと、その不動産に対する権利を第三者に証明できないため、その不動産を売却したり、不動産を担保にお金を借りるといったことが困難です。

また、長期にわたって登記簿の名義変更をせずに放置していると、その後の相続が発生した際、変更手続きが煩雑になったり、トラブルの原因になる恐れもあります（右ページコラム）。

ひとくちメモ　**どんな専門家に頼むか**　相続に関する手続きは専門家に依頼できる。相続登記なら一般に司法書士に依頼する。その他、依頼内容やその範囲により弁護士、税理士など（→ 168 ページ）。

相続登記とはこんなもの

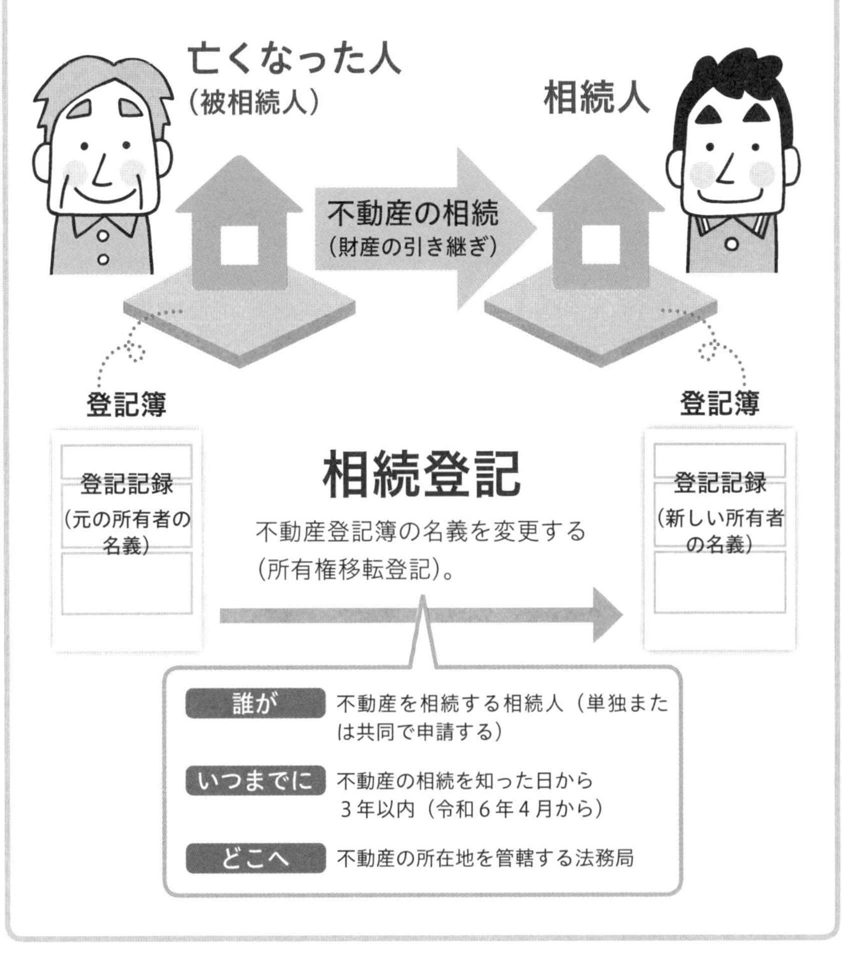

もっと知りたい

古い名義のままでは問題が起こりやすい

相続登記による不動産の所有権の移転は、原則として相続人全員の同意が必要です。長期にわたり相続登記がされておらず、その後さらに相続が発生した場合には、登記簿上の名義人から順を追って所有者を変更しなければなりません*。関係する人の数は多くなり、亡くなっている、連絡先がわからない、変更の同意が得られないなど、トラブルにもつながりやすくなります。

＊数次相続→ 143 ページ。

相続が始まったら登記の準備も始めよう

まとめ　相続登記は法務局への申請により行う。申請にはさまざまな書類の提出が必要になり、登録免許税を納めることになる。

■ 登記申請書を提出する

相続登記は、不動産を相続する人がその不動産の所在地を管轄する法務局に「登記申請書」を提出することで行います。相続登記を行う法務局の住所などは、事前に法務局のホームページなどで確認しておきましょう。

申請時には、亡くなった人や相続人について証明する書類（戸籍関係書類など）や誰がどのように不動産を相続するかといった遺産分割の内容を証明する書類（遺言書や遺産分割協議書など）を一緒に提出します。

相続財産の確認のための不動産情報の収集、戸籍による相続人の確認、遺産分割の話し合いなどは、思った以上に手間や時間がかかる場合があります。できるだけ早めに取りかかりましょう。

申請内容の審査を受けて、登記識別情報（→ 20 ページ）が交付されると相続登記は完了です。通常、申請から交付までの期間は1週間～ 10日程度です。

■ かかる費用を確認する

登記にかかる代表的な費用は、登記手続きに課税される登録免許税です。税額はその不動産の価格（固定資産税評価額）により異なります。戸籍謄本や住民票などの必要書類を集める際には、発行手数料や取得のための交通費なども必要です。その他、司法書士など専門家に依頼する場合は、一定の報酬を支払うことになります。

ひとくちメモ	**「長期間相続登記等がされていないことの通知」** 法務局からこの通知が送られてきた人は、相続登記をしていない土地を持っている。まずは最寄りの法務局に連絡して、内容の確認を。

必要書類を準備・作成して法務局へ

準備

必要書類をそろえる

- 相続人や不動産の内容について確認する。相続方法（遺産分割）を決めて、必要な書類を集める。
- 亡くなった人と相続人の戸籍謄本や住民票、遺言書または遺産分割協議書など。

注意！
必要書類や登記申請書の内容は、遺言書による相続か、遺産分割協議による相続か、法定相続による相続かによって違いがある。

↓

登記申請書を作成する

- 申請書の書き方、提出の際の必要書類のまとめ方に注意(→パート5)。

↓

申請

法務局に相続登記を申請する

- 登記申請書と必要書類を提出する。窓口に持参するほか、郵送やオンラインによる申請も可能。
- 登録免許税など一定の費用がかかる。

↓

登記識別情報が交付される

- 登記識別情報通知書や登記完了証を受け取る。

↓

相続登記（所有権の移転）の完了

相続では、ほかにもさまざまな手続きを行います。計画的に効率よく進めましょう。

相続登記は「しなければならない」

相続登記を行うことが令和６年４月から義務化された。相続で不動産を取得したら、すみやかに所有権移転の登記をすることが必要。

■ 不動産の所有者をはっきりさせる

これまで相続登記は任意で、申請するかどうかは不動産を相続した相続人次第でした。手間や費用の問題から、登記が行われないことも多くありました。現在、相続登記がされていないために、所有者がわからなくなっている不動産が全国で増えており、社会問題となっています。そこで法改正が行われ、令和６年４月から相続登記は義務となりました。

相続登記の申請期限は、その不動産の取得を知った日（相続開始日など）から３年以内です。遺産分割について相続人間で話し合いを行い（遺産分割協議）、不動産の相続方法を決めた場合は、その話し合いが成立した日から３年以内です。また、義務化が始まる以前に相続で不動産を引き継いだが、登記をしていないというケースも対象です。この場合は、令和６年４月から３年以内に相続登記をしなければなりません。

■ 未申請には罰則もある

正当な理由がなく、上記の期限内に相続登記をしなかった場合には、10万円以下の過料となる可能性があります。

正当な理由となるのは、健康上の理由で手続きができない、遺産分割が紛争になっている、長期間の放置のために必要な資料などを集めるのに時間がかかるといったケースなどです。

ひとくちメモ	**「不動産の取得を知った日」に注意**　被相続人が亡くなった後の調査により、相続財産に不動産があることがわかったという場合は、その不動産が見つかった日から３年以内が申請期限。

「3年以内」の相続登記が義務になった

1 令和6年3月以前の相続で不動産を取得した場合

▶令和6年4月1日（施行日）から3年以内に登記申請する。

2 令和6年4月以降の相続で不動産を取得した場合

▶不動産の取得を知った日から3年以内に登記申請する。

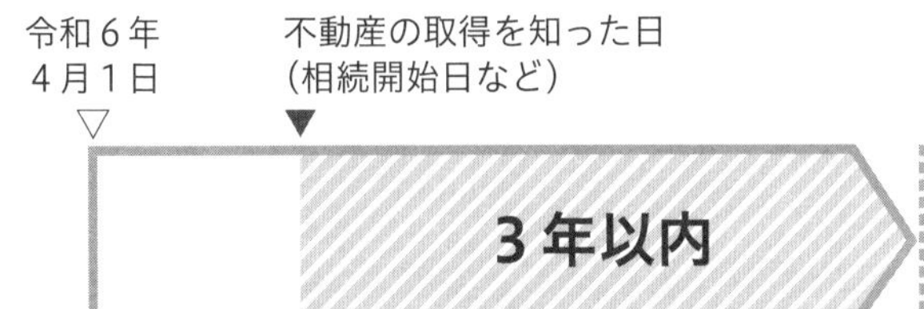

遺産分割協議が行われた場合

▶協議により不動産を取得した日から3年以内に登記申請する。

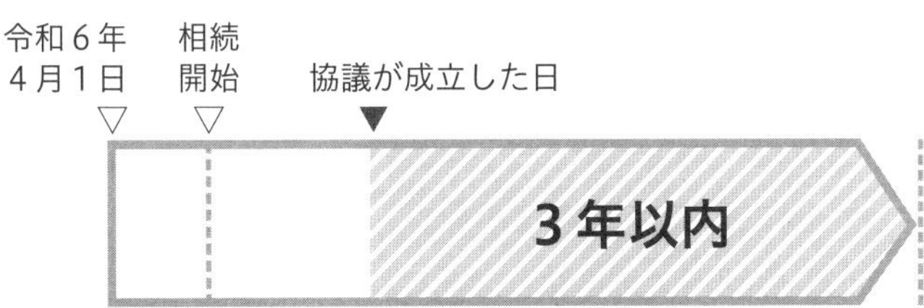

注意！ 当分の間遺産分割を行う予定がない、遺産分割協議がまとまりそうにないなどの場合は、いったん相続人申告登記（→30ページ）を行い、協議成立後3年以内に相続登記を行う。

簡易的な相続登記をしておくこともできる

まとめ　遺産分割に時間がかかる場合など、相続登記をすぐに行えないときは「相続人であること」だけを登記しておくことができる。

いったん登記義務を果たす

相続登記は義務化されましたが、不動産の相続についての話し合いが簡単にまとまらない場合もあります。このようなときには、**いったん簡易的な相続登記をしておくことができます。これが相続人申告登記です。**

相続人申告登記は、相続登記の申請期限である３年以内に、相続人自らが相続人であることを法務局に申し出ることで行います。相続人が共同で申請するほか、単独でも申請できます。この登記では、相続人の範囲や遺産分割の確定を証明する書類などが不要です。登記簿には、相続人による申告が行われた旨、申請年月日、申告した相続人の住所・氏名が記録されます。

相続登記の代わりにはならない

相続人申告登記は、あくまで本来の相続登記が行われるまでの「とりあえず」の登記です。**権利関係などが確定した正式な登記ではないため、その不動産の売却やその不動産を担保にしてローンを組むことなどは困難です。**

その後、遺産分割協議などがまとまったら、その内容にしたがって、あらためて相続登記を行う必要があります。

令和６年４月からの相続は、３年以内に遺産分割協議がまとまれば相続登記を行い、３年以内にまとまらない場合は相続人申告登記をしておいて、まとまった後に相続登記という手順を選べることになります。

ひとくちメモ　**相続人申出書**　法務局に相続人申告登記を申請する際に提出する（法務局ホームページに様式あり）。「申出の目的」を「相続人申告」として、必要事項を記入する。

相続人の氏名・住所の登記をしておく

早期の遺産分割が難しく、3年以内の相続登記ができない。

相続人申告登記ができる

- 相続人の氏名・住所による登記。
- 相続人の1人が単独で行うこともできる。
- 令和6年4月以降の相続は不動産の取得を知った日から3年以内に申請する。令和6年3月以前の相続は令和6年4月1日(施行日)から3年以内。
- 遺産分割が完了したら、その日から3年以内に相続登記を行う（下図）。

不動産の取得を知った日
または令和6年4月1日
▼
3年以内に
相続人申告登記

遺産分割が
完了した日
▼
3年以内に
相続登記

相続人申告登記の手続き

法務局に、相続開始と自分が相続人であることを申し出る。

主な必要書類

- □ 相続人申出書
- □ 相続人の戸籍謄本（不動産の相続人であることがわかるもの）
- □ 亡くなった人の戸籍（除籍）謄本（亡くなった時点のもの）

注・相続人申出書には申出人の氏名のふりがな、生年月日を記入する。記入しない場合は、住民票など住所を証明する書類が必要になる。

プラスアルファ

相続土地国庫帰属制度

相続した土地は権利を放棄する方法もある

相続したものの不要であるという土地は、一定条件を満たせば所有権を放棄して、国に権利を引き継いでもらうことができる。

■ 所有権を国に引き継いでもらう

不動産を相続したものの、その土地の価値が低く不要ということがあります。こうした土地は相続登記が積極的に行われず放置されがちで、所有者のわからない土地が増える原因の一つにもなります。

このような不要な土地の所有権は、法務局に申請して放棄できる場合があります。これが相続土地国庫帰属制度です（令和5年4月27日から）。その土地の所有権は国に引き継がれ、管理・処分が行われます。

■ 一定の負担金を納める

制度の利用には、まずその土地を管轄する法務局に連絡して事前相談を行います。土地が遠方の場合は最寄りの法務局でもかまいません。その上で申請書を作成して、その法務局に提出します。郵送による提出もできます。

とはいえ、**どんな土地でも対象になるわけではなく、制度の利用には、その土地について国の審査を受けて承認される必要があります。**その不動産の管理や処分に、大きな費用や手間がかかる場合などは認められません（土壌汚染がある、権利関係に争いがあるなど）。また、建物があれば取り壊して更地にしなければなりません。

承認後は、負担金（10年分の土地管理費相当額。200㎡の宅地で80万円程度など）を納めることで手続きが完了します。

ひとくちメモ	**負担金納付は30日以内**　負担金は、指定された金融機関から納入告知書により日本銀行に納める。負担金の通知到着の翌日から30日以内に納付しないと、承認が失効となるので要注意。

相続土地国庫帰属制度を利用するには

申請できる人

相続などで不動産を取得した相続人

国庫帰属が認められる土地の主な条件

- 建物がないこと
（建物がある場合は解体が条件）
- 担保がついていないこと
- 土壌汚染がないこと
- がけ地でないこと
- 権利関係に争いがないこと

▶ 管理や処分に過大な費用や労力が必要な土地は不可。

申請手続きの流れ

1. その不動産の住所地を管轄する法務局（本局）に相談する
   - 要予約。土地の状況がわかる資料などを持参する。
2. 1の法務局に申請書を提出する（窓口または郵送）
   - 審査手数料（1筆当たり1万4000円）を納める。
3. 法務局の審査を受ける（書面審査、実地審査）
4. 承認なら負担金を納める
   - 負担金は10年分の土地管理費相当額。200㎡の宅地で80万円程度など。

相続では不動産以外の名義変更にも注意する

亡くなった人から相続人に権利が移る財産は、原則として名義変更を行う。それぞれの手続きで必要になる書類を確認しておこう。

■ 名義変更では証明書類が必要

相続では、不動産のほかにも、預貯金、株式、生命保険、車など、さまざまな財産を相続人が引き継ぐことになります。**こうした財産は、被相続人の名義を相続人の名義に変更することで財産の移転が完了します。**相続で名義変更の手続きを行うのは、不動産だけではないのです。

たとえば預貯金を相続した場合、金融機関により多少異なるものの、口座の名義人が亡くなったこと、その口座を相続したのが自分であること、手続きを行うのがその本人であることなどを証明する書類が必要です（おおよそ相続登記と同様の書類が求められる）。

■ それぞれの手続き内容を整理しておく

名義変更手続きの必要書類は重なるものも多いため、必要になる通数を確認してまとめて取得すれば手間を省けます。相続する財産の名義変更について、それぞれの期限などを事前に確認して、効率よく手続きをしましょう。手続き先により、住民票や戸籍謄本などは「取得後○か月までのもの」と決まっていることもあります。

「相続関係説明図」という書類の提出で戸籍謄本が返却されたり、「法定相続情報証明制度」の利用により、戸籍関係書類の提出を省略できる場合もあります（→ 112 ページ）。

ひとくちメモ　**ローンの名義変更**　被相続人の借金などをマイナスの財産として引き継ぐ場合は、金融機関などに相続人の支払い能力の確認を受けることになる。一括返済を求められることもある。

名義変更を行う財産例と主な必要書類

預貯金の名義変更

▼

口座のある金融機関へ

● 解約と払い戻しを行う場合もある。

主な必要書類

- □ 金融機関の定める手続き書類
- □ 通帳、証書、各種カード、届出印
- □ 亡くなった人の生まれてから亡くなるまでの戸籍謄本等
- □ 相続人全員の戸籍謄本
- □ 遺言書または遺産分割協議書 *

＊合わせて相続人の印鑑証明書も必要。

上場株式の名義書き換え

▼

口座のある証券会社、信託銀行などへ

● 非上場会社の株式はその発行会社に申し出る。

主な必要書類

- □ 証券会社などの定める手続き書類
- □ 株券（発行されている場合）
- □ 亡くなった人の生まれてから亡くなるまでの戸籍謄本等
- □ 相続人全員の戸籍謄本
- □ 遺言書または遺産分割協議書 *

＊合わせて相続人の印鑑証明書も必要。

自動車の移転登録

▼

相続人の住所地を管轄する運輸支局、自動車検査登録事務所へ

● 相続により取得した日から15日以内に申請する。

主な必要書類

- □ 移転登録申請書
- □ 自動車検査証
- □ 亡くなった人の生まれてから亡くなるまでの戸籍謄本等
- □ 相続人全員の戸籍謄本
- □ 遺言書または遺産分割協議書 *

＊合わせて相続人の印鑑証明書も必要。

- □ 手数料納付書（自動車検査登録印紙を添付）

COLUMN

土地は「筆」、建物は「個（戸）」で数える

登記簿（登記記録）は、原則として１つの不動産ごとにつくられています。その単位は、土地は「筆（ひつ（ふで））」、建物は「個（戸）」です。土地１筆ごとにつけられた番号が「地番」、建物１個ごとにつけられた番号が「家屋番号」です。１筆１個ごとに、不動産を識別するための「不動産番号」が割りふられます。

ただし、不動産は１筆、１個ごとに利用されるとは限りません。そのため、居住する場所を示す住居表示（住所）や宅地の売買などで使われる「区画」は、地番などと一致するわけではありません。

また、１筆の土地を分割したり（分筆登記）、２筆以上の土地を１つにする（合筆登記）こともできます。分筆登記では、土地家屋調査士による調査や測量が必要です。建物も、登記簿上１個のものを２個以上にしたり、２個以上のものを１個にするときなどは登記が必要です（建物合体登記など）。

土地・建物と登記簿の関係

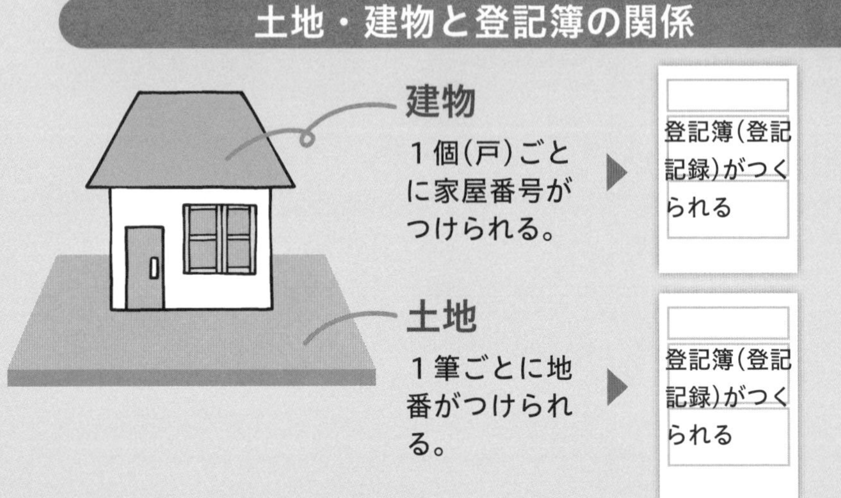

パート2 相続の基本ルールと知識

正しく相続登記を行うためには、
まず相続のルールを知っておく必要があります。
基本となる相続の知識を身につけておきましょう。

このパートで取り上げている項目

亡くなった人の財産を引き継ぐ

相続とは亡くなった人の財産を引き継ぐこと。相続登記には、基本となる相続の知識が欠かせない。

■亡くなった人の財産をどうするか

相続とは、ある人が亡くなった場合に、その人が持っていた財産を配偶者や子などが引き継ぐことです。**亡くなった人を「被相続人（ひそうぞくにん）」、財産を引き継ぐ権利のある人を「相続人（または法定相続人）」といいます。**被相続人が死亡して相続が発生することを「相続の開始」といいます。

相続する財産の引き継ぎ方（遺産分割）には、民法による法定相続分という基準が定められていますが、被相続人が遺した遺言書があれば、その内容が最優先となります。遺言書がない、または遺言書に指定のない相続財産は、いったん相続人全員の共有となり、相続人同士で話し合って分割方法を決めることになります。これを遺産分割協議といいます。

■相続財産の範囲に注意

相続財産は、亡くなった人が持っていた預貯金や株式・有価証券、不動産といった「プラスの財産」だけではありません。亡くなった人が返済していない借金なども、「マイナスの財産」として引き継ぐことになります。死亡により支払われた生命保険金や死亡退職金などは遺産分割の対象外ですが、相続税の対象にはなるなど（原則）、相続財産の範囲や扱いに注意します。

相続財産の合計が一定額以上になる場合は、相続税の申告と納税が必要です（→62ページ）。

ひとくちメモ	**財産目録**　相続財産の内容が一覧でわかるようにまとめたもの。亡くなった人が遺言書に添付している場合もあるが、相続人は財産の確認とともに作成して確認する。

相続と相続財産の基本

亡くなった人
＝被相続人

相続
（遺産分割）

財産を引き継ぐ人
＝相続人（法定相続人）

相続人は民法により定められている。ただし、相続人以外に財産を引き継ぐこともできる。

相続財産（遺産）

相続財産の合計（マイナスの財産は差し引く）が一定額以上なら相続税がかかる。

プラスの財産	マイナスの財産
預貯金、株式・有価証券、不動産など、金銭に換算できるものすべて。	ローンの残金や未払金など。

注意

遺産分割の対象ではないが相続税の計算に含めるものがある

- 生命保険金や死亡退職金（一定部分は非課税）、生命保険契約に関する権利、定期金の受給権など。
- 生前贈与のうち、相続開始３～７年前まで＊に贈与された財産など。

＊令和８年までの相続開始は３年前までの贈与、令和９～12年の相続開始は令和６年１月以降の贈与、令和13年から７年前までの贈与（４～７年前の贈与は総額100万円まで対象外）。

もっと知りたい

財産は相続人以外が受け取ることもある

相続人かどうかによらず、遺言によって財産を遺す遺贈という方法もあります。亡くなった人（財産を渡す人）を「遺贈者」、受け取る人を「受遺者（じゅいしゃ）」といいます。受け取る財産の割合などを指定した遺贈（包括遺贈）では、受遺者は遺産分割協議に参加します。また、生前の合意（契約）により、死亡したときに財産を与える死因贈与という方法もあります。

財産の中身を確認して相続手続きを進める

相続の手続きは、相続人全員が協力して効率的に進めることが大切。期限のある手続きに注意する。

■ 遺言書の確認からスタート

家族などが亡くなると、死亡に関する届け出や葬儀・告別式などを行うとともに、相続に関するさまざまな調査や手続きも始めます。

遺産分割を行うため、まず遺言書が遺されていないかどうかを調べます。遺言書がない場合は、遺産分割について相続人同士で話し合って決めることになるため、誰が相続人になるのか、どんな財産が遺されているのかをすみやかに確認します。

■ 手続きの期限に注意

財産を確認した結果、借金が多い場合などでは、相続開始から３か月以内なら相続を放棄することもできます（相続放棄）。亡くなった人に収入があり、その年の確定申告が必要なら、相続開始の翌日から４か月以内に相続人が代わって確定申告を行います（準確定申告）。

相続に関する手続きで最も重要な期限は、被相続人が亡くなった日（相続開始）* の翌日から 10 か月以内に行う相続税の申告です。相続税の申告が必要な場合は、この期限から逆算して遺産分割の話し合いや関連する手続きなどをしていくことが大切です。

また、財産に不動産がある場合に行う相続登記は令和６年４月に義務化されており、相続開始などから３年以内に行わなければなりません。

ひとくちメモ	**相続税の申告要否判定コーナー**　国税庁のホームページにあるこのコーナーでは、相続に関する情報を入力することで、簡易的に相続税の申告が必要かどうか調べられる。

＊または亡くなったことや相続開始を知った日。

相続手続きの流れ

注・それぞれの期限の起点となる日は多少異なる。

被相続人が亡くなった（相続開始）

期限	手続き	内容
7日以内	死亡届を提出する	葬儀や告別式、各種の届け出などを行う。
	遺言書の有無を確認する	自筆証書遺言なら、原則として家庭裁判所の検認が必要。
	相続人を確定させる	相続人、被相続人の戸籍謄本等を集める。
	相続財産をあきらかにする	すべての相続財産を調べて、財産目録を作成する。
3か月以内	相続のしかたを決める	相続放棄や限定承認を選ぶことができる。
4か月以内	準確定申告を行う	亡くなった年に、被相続人の所得税の確定申告が必要な場合。
	遺産分割協議を行う	遺言書がない場合など。家庭裁判所の調停や審判を受ける場合もある。
10か月以内	相続税の申告・納付を行う	相続財産の総額が基礎控除を超える場合。
3年以内	相続登記を行う	その他、相続した財産の名義変更などをすみやかに行う。

財産を相続する人は法律で決まっている

相続人とは、亡くなった人の財産を相続する権利を持つ人をいう。遺産分割などのため、すみやかに誰が相続人か確認を。

■ 配偶者は必ず相続人になる

亡くなった人の財産を相続する人を相続人（法定相続人）といい、その範囲は民法で定められています。相続開始後は、遺産分割や相続手続きのため、すみやかに相続人になる人とその人数の確認が必要です。

まず相続人になるのは、亡くなった人の配偶者です。配偶者とは法律上婚姻関係にある人で、内縁の妻や離婚した元配偶者は相続人とはなりません。

■ 優先順位が決まっている

配偶者以外は、亡くなった人と血のつながりのある人（血族（けつぞく））が相続人となります。第１順位は子です。子は両親が離婚していても、また事実婚などでも相続人です。子がいない場合に、父母（第２順位）、兄弟姉妹（第３順位）の順に相続人となります。先の順位の人がいる場合、後の順位の人は相続人にはなりません。相続人を確定するには、亡くなった人の戸籍をさかのぼって、前妻の子や認知した子、養子の有無などを調べる必要があります。

なお、養子は実子と同様に相続人となりますが、相続税の基礎控除（→ 62ページ）の対象は、実子がいない場合２人、実子がいる場合１人までです。

相続人となる人が既に亡くなっている場合には、その人の子や孫が相続人となります。これを代襲（だいしゅう）相続といいます。また、父母が相続人で既に亡くなっている場合は、その祖父母が相続人となります。

ひとくちメモ	**相続廃除**　相続人による重大な非行行為などがあった場合、被相続人はその相続権を剥奪できる（相続廃除）。犯罪行為などで相続人の権利が自動的になくなることもある（相続欠格）。

相続人になる人と優先順位

配偶者

必ず相続人になる

配偶者がいない場合は、右の順番で相続人が決まる。

＋

第１順位（まず相続人になる）

子（直系卑属（ひぞく））

代襲相続

子が亡くなっている場合は孫、孫も亡くなっている場合はひ孫。

第１順位の子などがいない場合

第２順位

父母（直系尊属（そんぞく））

父母が亡くなっている場合は祖父母、祖父母も亡くなっている場合は曽祖父母。

第２順位の父母などもいない場合

第３順位

兄弟姉妹

代襲相続

兄弟姉妹が亡くなっている場合はおい、めい（おい、めいが亡くなっている場合、その子に相続権は移らない）。

配偶者の父母や兄弟姉妹、子の配偶者は、相続人にはなりません。

相続人によって相続する割合は異なる

法定相続分は、相続財産に対する相続人の権利の割合。相続人が2人以上いる場合に遺産分割の基準となる。

■最も有利なのは配偶者

法定相続分とは、民法による相続財産に対する相続人の権利の割合です。法定相続分は相続人の構成によって変わります。

たとえば相続人が配偶者と子なら、法定相続分は2分の1ずつです。子が複数ならこの2分の1を均等に分けます。養子や非嫡出子(ひちゃくしゅつし)*などの区別はありません。相続人が配偶者と父母なら、配偶者が3分の2で父母は3分の1、配偶者と兄弟姉妹なら、配偶者が4分の3で兄弟姉妹は4分の1となります。配偶者がいなければ相続人の数で均等に分けます。

法定相続分は、遺産分割協議で公平な遺産分割を行うための基準になります。ただし、あくまで基準であり、法定相続分の通りに分けなければならないというわけではありません。

不動産の相続を法定相続分で行う場合は、不動産の権利をその割合で分けて共有します（共有名義）。ただし、権利関係が複雑になる欠点があります。

もっと知りたい

「遺留分」は相続人の最低限の権利

遺言などにより、特定の人にかたよった遺産分割が指定されていた場合など、兄弟姉妹を除く相続人は「遺留分(いりゅうぶん)」という財産に対する権利を主張できます。相続人全体で相続財産の2分の1が遺留分です（相続人が父母だけなら3分の1）。各相続人の遺留分は、遺留分に対する法定相続分となります。遺留分を侵害された場合、それに相当する金銭を求めることができます。

＊事実婚などによる子（父親の財産相続なら認知が必要）。

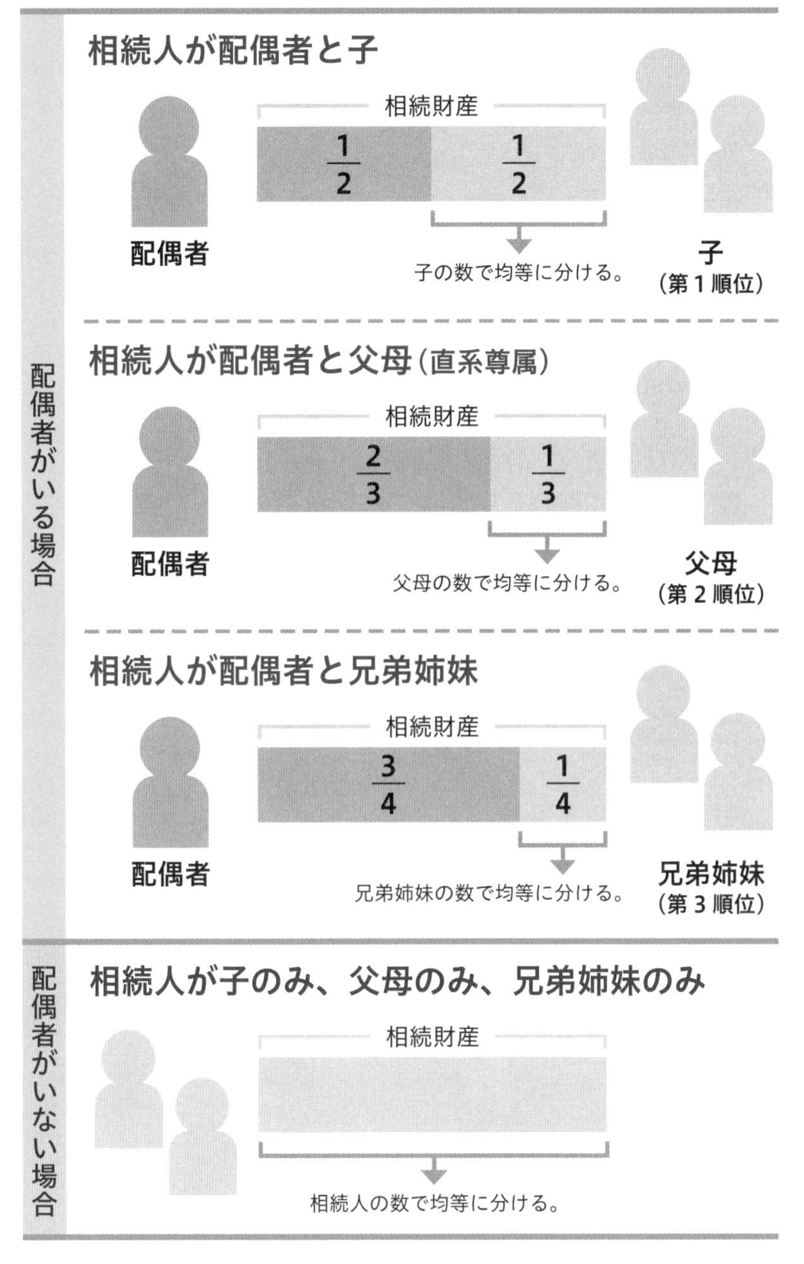
相続人の組み合わせで割合が異なる
配偶者がいる場合
相続人が配偶者と子
相続財産
1/2
1/2
配偶者
子の数で均等に分ける。
子
（第1順位）
相続人が配偶者と父母（直系尊属）
相続財産
2/3
1/3
配偶者
父母の数で均等に分ける。
父母
（第2順位）
相続人が配偶者と兄弟姉妹
相続財産
3/4
1/4
配偶者
兄弟姉妹の数で均等に分ける。
兄弟姉妹
（第3順位）
配偶者がいない場合
相続人が子のみ、父母のみ、兄弟姉妹のみ
相続財産
相続人の数で均等に分ける。

相続人と法定相続分の確認シート

自分たちの相続人と法定相続分の割合を確認して、書き出しておきましょう。
正式には戸籍調査などにより確定します。

被相続人	氏名

相続人			
相続人	配偶者	氏名	法定相続分

第１順位（まず相続人になる）

相続人			
相続人	子 （または 代襲相続する 孫など）	氏名	法定相続分
	子 （または 代襲相続する 孫など）	氏名	法定相続分
	子 （または 代襲相続する 孫など）	氏名	法定相続分
	子 （または 代襲相続する 孫など）	氏名	法定相続分
	子 （または 代襲相続する 孫など）	氏名	法定相続分

第 2 順位

相続人	**父母**（または祖父母など）	氏名	法定相続分
	父母（または祖父母など）	氏名	法定相続分
	父母（または祖父母など）	氏名	法定相続分
	父母（または祖父母など）	氏名	法定相続分

第 3 順位

相続人	**兄弟姉妹**（または代襲相続するおい、めい）	氏名	法定相続分
	兄弟姉妹（または代襲相続するおい、めい）	氏名	法定相続分
	兄弟姉妹（または代襲相続するおい、めい）	氏名	法定相続分
	兄弟姉妹（または代襲相続するおい、めい）	氏名	法定相続分
	兄弟姉妹（または代襲相続するおい、めい）	氏名	法定相続分
	兄弟姉妹（または代襲相続するおい、めい）	氏名	法定相続分

遺産分割で考慮する 2つの特別ルール

相続人が生前に被相続人から受けた利益や、被相続人に対して行った特別な行為などは遺産分割に反映する。

■ 生前に受けた利益を反映する

公平な遺産分割のために、民法では相続分を調整する特別受益と寄与分というルールが設けられています。

特別受益とは、特定の相続人が亡くなった人から生前に受け取った利益です。特別受益の例として、結婚などの支度金、住宅の取得費用や不動産の贈与、事業の開業資金、留学費用などがあります。

遺産分割では、特別受益の金額を相続財産に加えて（持ち戻し）、各相続人の相続割合を計算します。特別受益のある相続人の相続分から、特別受益分を差し引くことになります。

■ 亡くなった人への貢献に報いる

寄与分は、生前亡くなった人に特別な貢献をした相続人がいる場合、その貢献に対して認められる相続分です。寄与分の例として、亡くなった人の事業をほぼ無償で手伝っていた、資金を提供した、亡くなった人に献身的な看護や介護を行ったといった場合などがあります。ただし、配偶者による介護などは寄与分とは扱われません。

寄与分の金額は、相続人全員の話し合いで決めます。また、**相続人以外の親族による特別な寄与（子の配偶者によるほぼ無償の介護など）では、寄与をした人は相続人に相応の金額を請求できます（特別寄与料）。**

ひとくちメモ	**家庭裁判所への申立てもできる**　特別受益や寄与分、特別寄与料について、当事者間で話がまとまらない場合は、家庭裁判所に申立てをして調停などを受けることができる。

特別受益、寄与分がある場合の遺産分割

特別受益

相続人が生前に受けた援助などを、遺産分割に反映すること。

- 結婚や養子縁組の支度金、住宅資金、独立開業資金、留学費用など。
- 遺言により贈与された財産（遺贈）。

特別受益がある場合の遺産分割

1. 相続財産に特別受益分を加える（持ち戻し）。
2. 持ち戻し分を加えた相続財産を、各相続人の法定相続分で分ける。
3. 特別受益を受けた人の相続分から、特別受益分を差し引く。

どちらも遺産分割でトラブルになりやすいポイントです。

寄与分

相続人が被相続人の生前に行った特別な貢献を、遺産分割に反映すること。

- 亡くなった人の事業などをほぼ無償で手伝っていた。
- 亡くなった人の事業などに資金を提供した、債務を肩代わりした。
- 亡くなった人の看護や介護を献身的に行った、など。

寄与分がある場合の遺産分割

1. 寄与分を金銭に換算して* 相続財産から差し引く。
   ＊金額は相続人全員で話し合って決める。
2. 寄与分を差し引いた相続財産を、各相続人の法定相続分で分ける。
3. 寄与分のある人の相続分に寄与分を加える。

POINT
相続人以外の特別な貢献では、相続人に「特別寄与料」の請求ができる。

相続しない(相続人にならない)ことを選べる

相続が発生したときに、相続財産となる資産や負債などの権利や義務を引き継がず、すべて放棄することを相続放棄という。

■ 借金などが多いなら相続しなくてもよい

相続人は財産をすべて相続しないことも選べます。これを相続放棄といいます。たとえば、プラスの財産より借金のようなマイナスの財産のほうが多いといった場合です。ただし、プラスの財産は引き継いで、マイナスの財産は引き継がないということはできません。

相続放棄をすると、その相続人は相続人としての地位を失い、遺産分割協議にも参加できません。相続人としての権利は、同順位の相続人がいればその相続人の法定相続分が大きくなります。同順位の相続人がいなければ、次の順位の人に権利が移ります。代襲相続は行われません。

■ 3か月以内に家庭裁判所へ

相続放棄をする場合は、**相続開始* から3か月以内に家庭裁判所へ「相続放棄申述書」を提出します。**3か月を過ぎると相続放棄はできません。

相続放棄をした相続人がいる場合、相続登記の申請時にはその証明として、家庭裁判所が発行する「相続放棄申述受理証明書」の提出が必要です。

そのほか、亡くなった人の債務がどのくらいあるかわからない場合など、プラスの財産の範囲内で債務を引き継ぐ「限定承認」も可能です。やはり相続開始から3か月以内に、相続人全員による家庭裁判所への申し出が必要です。財産目録が必要になるなど、手続きは相続放棄よりやや煩雑です。

ひとくちメモ	**単純承認**　相続開始から3か月以内に相続放棄や限定承認の申し出をしないなどの場合、亡くなった人の財産をすべて引き継ぐ相続を行うことになる。これを単純承認という。

＊または相続開始を知った日。

相続放棄のポイントと手続き

相続放棄 ▶ すべての財産を相続しない（相続人ではなくなる）

- 遺産分割協議には参加できない。
- 相続人の権利は、同順位の人がいなければ次の順位の人に移る。
- 相続開始から3か月以内に手続きが必要。

POINT
相続放棄をしても、相続税の基礎控除の計算では相続人の1人として扱われる。

相続放棄の手続きの流れ

家庭裁判所に「相続放棄申述書」を提出する

・提出先は、亡くなった人の最後の住所地を管轄する家庭裁判所。

・戸籍謄本など必要書類を添付する。

家庭裁判所の審査を受ける

・家庭裁判所から送られてくる「照会書」に回答して返送する。

相続放棄が受理される

・「相続放棄申述受理通知書」が送られてくる。

「相続放棄申述受理証明書」を発行してもらう

・発行には申請が必要。

▼相続放棄申述書

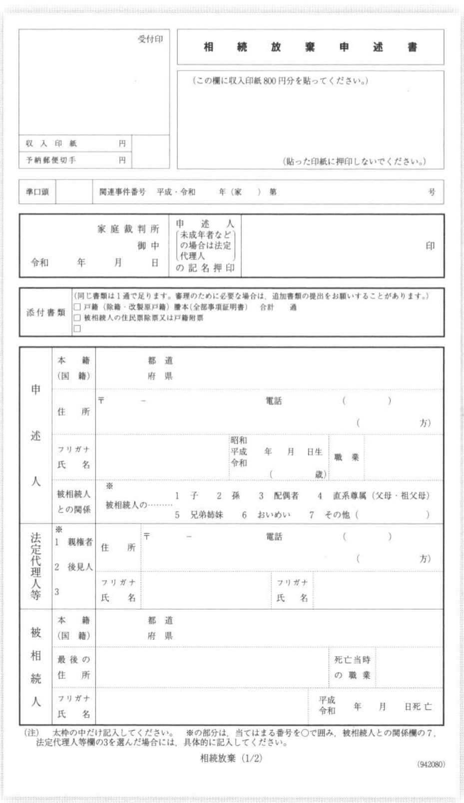

受付印

相　続　放　棄　申　述　書

（この欄に収入印紙800円分を貼ってください。）

（貼った印紙に押印しないでください。）

収入印紙	円
予納郵便切手	円

準口頭		関連事件番号　平成・令和　　年（家　　）第　　　号

家庭裁判所 御中 令和　　年　　月　　日	申述人 （未成年者などの場合は法定代理人） の記名押印	印

添付書類	（同じ書類は1通で足ります。審理のために必要な場合は，追加書類の提出をお願いすることがあります。） □ 戸籍（除籍・改製原戸籍）謄本（全部事項証明書）　合計　　通 □ 被相続人の住民票除票又は戸籍附票 □

申述人	本籍（国籍）	都道府県
	住所	〒　　－　　電話　（　　） （　　方）
	フリガナ 氏名	昭和 平成　年　月　日生 令和 （　　歳）　職業
	被相続人との関係	※ 被相続人の………　1 子　2 孫　3 配偶者　4 直系尊属（父母・祖父母） 5 兄弟姉妹　6 おいめい　7 その他（　　）
法定代理人等	※ 1 親権者 2 後見人 3	住所　〒　　－　　電話　（　　） （　　方） フリガナ 氏名　　フリガナ 氏名
被相続人	本籍（国籍）	都道府県
	最後の住所	死亡当時の職業
	フリガナ 氏名	平成 令和　年　月　日死亡

（注）　太枠の中だけ記入してください。　※の部分は，当てはまる番号を○で囲み，被相続人との関係欄の7，法定代理人等欄の3を選んだ場合には，具体的に記入してください。

相続放棄（1/2）

(942080)

遺言書には一定のルールがある

遺言書は財産に関する、被相続人の生前からの意思表示。遺産分割では遺言書が最優先されるので、その有無をまず確認する。

遺言の内容は優先的に扱う

遺言とは、遺言書という書面で行われる、亡くなった人（被相続人）による「財産を誰にどれだけどのように遺すのか」という生前の意思表示です。

遺言書は相続で優先的に扱われ、相続財産は基本的に遺言書にしたがって分けることになります。法定相続にとらわれない遺産分割や、内縁の妻や孫など相続人でない人への遺贈、会社や団体などへの寄付もできます。

遺言書には、**自筆により作成する「自筆証書遺言」のほか、公証役場で公証人の立ち会いのもとで作成する「公正証書遺言」があります。**それぞれの特徴やポイントは、右ページと 54、55 ページの通りです。

遺言書はしっかり探す

相続が開始したら、遺族が最優先で行うべきは遺言書の確認です。亡くなった人の自宅のほか貸金庫など、思い当たるところはすべて探します。公正証書遺言なら、公証役場で「遺言検索システム」により遺言書が遺されているかどうか調べることができます（→ 55 ページ）。自筆証書遺言は、法務局（遺言書保管所）に保管されている場合があるため、法務局に保管の有無を問い合わせます（→ 54 ページ）。

自筆証書遺言が見つかった場合は、家庭裁判所で検認という手続きを受ける必要があり、２週間～１か月程度の時間がかかります（→ 116 ページ）。

ひとくちメモ	**遺言書が複数見つかったら**　原則として作成年月日の新しいほうが有効になるが、それぞれ異なる財産について記載されている場合などでは、どちらも有効になる。

自筆証書遺言と公正証書遺言の比較

自筆証書遺言
（見本は 54 ページ）

原則として本人の自筆で作成して保管する遺言書。相続開始後、家庭裁判所の検認が必要になる。法務局に預けることもできる（この場合は検認不要）。

特徴

証人などは不要で、１人で作成できるためつくりやすい。費用はほとんどかからない。原則として自筆であることが条件。

○ メリット

- 遺言書の内容や存在を他人に知られずにすむ。

× デメリット

- 形式などに条件があり、不備や間違いがあると無効となる場合がある。
- 紛失したり、亡くなった後に発見されないことがある。
- 第三者による隠匿や変造などの恐れがある。

公正証書遺言
（見本は 55 ページ）

公証役場で公証人に遺言の内容を伝えて、作成・保管してもらう遺言書。相続開始後、家庭裁判所の検認は不要。

特徴

資料を用意して公証役場に行くことで、専門家（公証人）に作成してもらえる。作成時に２人以上の証人が必要となる。

○ メリット

- 書式の不備などが生じない。
- 第三者による隠匿や変造などの心配がない。

× デメリット

- 原則として公証役場に行かなければならない、公証役場への一定の手数料や証人への依頼費用がかかるなど、作成手続きに手間や費用がかかる。

秘密証書遺言*という形式もありますが、あまり使われていません。

＊自ら作成した遺言書を封印して、公証役場でその存在のみ証明してもらう遺言の形式。

自筆証書遺言のポイント

遺　言　書

遺言者渡辺進一は以下の通り遺言する。

第１条
遺言者は、妻渡辺礼子（昭和 22 年○月○日生）に、遺言者の所有する以下の不動産と建物内の家具・什器一切を相続させる。

（土地）
所在　東京都大田区大森北○丁目
地番　2345 番 00
地目　宅地
地積　300㎡
（建物）
所在　東京都大田区大森北○丁目 2345 番 00
家屋番号　2345 番 00
種類　居宅
構造　木造かわらぶき 2 階建て
床面積　1 階 70.5㎡　2 階 39.5㎡

第 2 条
遺言者は、長男渡辺学（昭和 42 年○月○日生・住所愛知県名古屋市西区八筋町○丁目○番○号）に、以下の預金および利息を相続させる。

すこやか銀行　大森支店　定期口座（番号 00000000）

令和○年○月○日

東京都大田区大森北○丁目○番

渡辺進一　㊞

自筆証書遺言の体裁見本

（下の記載条件などが守られていない遺言書は無効となる）

- 全文が本人の自筆で書かれている（財産目録は、パソコン作成や預貯金通帳のコピーなどの添付も可）。
- 作成年月日の記載がある。
- 本人の署名・押印がある。

※遺言書保管制度を利用している遺言書なら、一定の書式ルールにしたがってつくられているため、体裁のチェックは不要。

相続人が行うこと

- ☐ 見つかった遺言書は家庭裁判所に提出して検認を受ける（→ 116 ページ）。
- ☐ 遺言書保管制度の利用について調べる。

❶ 遺言書保管所* に遺言書の保管の有無を問い合わせる。
・「遺言書保管事実証明書」の交付を請求する。

❷ 保管されていれば、遺言書の写し（「遺言書情報証明書」）の交付や閲覧を請求する。
・❷の手続きにより、ほかの相続人などに遺言書保管が通知される。
・請求には、亡くなった人や相続人の戸籍謄本などが必要。

＊所在地は法務局などで確認できる。

公正証書遺言のポイント

平成×年　第〇〇〇号

遺 言 公 正 証 書

本公証人は、遺言者阿部一郎の嘱託により、証人山田義男・同伊藤しげるの立ち会いのもとに左の遺言者の口述を筆記し、この証書を作成する。

第１条　遺言者は、遺言者の弟阿部次郎（昭和 24 年〇月〇日生・住所東京都杉並区荻窪〇丁目〇番〇号）に、次の預金を遺贈する。
ABC 銀行三鷹支店に遺言者が有する定期預金（番号 00000000）の元金および利息

第２条　遺言者は、遺言者の長男阿部春樹（昭和 40 年〇月〇日生・住所東京都足立区竹の塚〇丁目〇番〇号）に、次の財産を相続させる。

本 旨 外 要 件

住所　東京都三鷹市下連雀〇丁目〇番〇号
職業　無職
遺言者　　阿部一郎
昭和 17 年〇月〇日生
遺言者は印鑑証明書を提出させてその人違いでないことを証明させた。

住所　埼玉県さいたま市大宮区〇丁目〇番〇号
職業　会社員
証人　山田義男
昭和 15 年〇月〇日生

住所　神奈川県横浜市青葉区〇丁目〇番〇号
職業　弁護士
証人　伊藤しげる
昭和 25 年〇月〇日生

上記遺言者および証人に読み聞かせたところ、各自筆記の正確なことを承認し、下に証明押印する。

阿部一郎 ㊞
山田義男 ㊞
伊藤しげる ㊞

この証書は民法第 969 条第 1 号乃至第 4 号の方式に従い作成し、同条第 5 号に基づき下に署名押印する。

平成×年〇月〇日　本公証人役場において
東京都三鷹市野崎〇丁目〇番〇号
東京法務局所属　公証人　赤上武憲 ㊞

公正証書遺言の体裁見本

- 作成された年と文書の番号が記載されている。
- 標題は「遺言公正証書」。

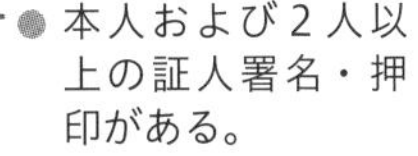

- 本人および２人以上の証人署名・押印がある。
- 遺言書を作成した公証人の署名・押印がある。

相続人が行うこと

□ 公正証書遺言の有無を調べる。

❶ 最寄りの公証役場の「遺言検索システム」で、遺言書の有無と、遺言書がある場合は保管している公証役場を調べてもらえる。
・亡くなった人や相続人の戸籍謄本などの書類が必要になる。

❷ 保管されていれば、その公証役場に公正証書遺言の謄本を請求する（「謄本請求書」を提出）。
・亡くなった人や相続人の戸籍謄本などの書類が必要になる。

相続人が話し合って財産の分け方を決める

遺言がない場合、亡くなった人が遺した財産は、相続人による遺産分割協議で分割方法を決める。全員参加が必須条件。

■ 相続人が全員参加する

亡くなった人（被相続人）の財産は、遺言がなければいったん相続人全員の共有となり、相続人全員により分割方法を話し合います。これが遺産分割協議です。

遺産分割協議に参加するのは相続人(→42ページ)全員です。**相続人のうち、1人でも参加していなければ、遺産分割協議は有効になりません。**未成年の相続人がいる場合など、代理人を立てる必要があるケースもあります。

■ 不動産の分割は難しい

協議では、自宅などの不動産に注意が必要です。預貯金などと違って公平に分けづらいためです。**不動産を単独で相続する代わりに、他の相続人に相応の金銭を支払う方法（代償（だいしょう）分割）や、不動産を売却して現金化することで金銭を相続人の間で分割する方法（換価（かんか）分割）などを活用します。**不動産を共有名義にして権利を分ける方法もあります。ただし、共有名義の不動産は売却しづらく、権利の一部がほかの人に移ってトラブルになるといった不安があります。

協議がまとまったら、その内容をまとめた遺産分割協議書を作成しましょう。相続人全員が署名、実印で押印します（→118ページ）。不動産を相続することになった相続人は、相続登記を行います。

ひとくちメモ　**協議分割、指定分割**　遺産分割協議による分割を協議分割という。これに対して、遺言により被相続人から分割方法が指定される分割を指定分割という。

遺産分割協議のルールを確認

□ 相続人は全員参加する

- 包括受遺者（遺贈された人で、遺贈分を財産の割合などで示された人）も参加する。
- 下のような相続人がいる場合は、代理人などが参加する *。

未成年の相続人→親権者（相続人は不可）が参加する、
または特別代理人を選任する。
認知症などの相続人→成年後見人を選任する。
行方不明の相続人→不在者財産管理人を選任する。

＊特別代理人は親権者など、成年後見人は配偶者や四親等内の親族など、不在者財産管理人はその配偶者やほかの相続人、債権者などが、家庭裁判所に選任の申立てを行う。

□ 参加していない相続人がいた場合、その協議は有効にならない

□ 協議の成立は全員の合意が条件。多数決などは不可

□ 相続税の申告期限や相続登記の申請期限など（→ 41 ページ）に注意して協議を行う

□ 原則として、協議の結果は遺産分割協議書にまとめる

遺産分割協議の成立には「全員参加」「全員同意」が欠かせない。

遺産分割は家庭裁判所の力を借りることもある

相続人の間で遺産分割協議がまとまらない場合には、家庭裁判所に調停や審判の申立てをして、第三者に協力を依頼できる。

■ 公平を心がけ、事情に配慮する

遺産分割協議では、基本的に法定相続分を基準に分割方法を話し合います。公平な分割のためには、代償分割や換価分割（→ 56 ページ）なども上手に活用しましょう。配偶者が相続人なら、配偶者居住権（→ 166 ページ）なども検討できます。そのほか、それぞれの相続人の特別受益や寄与分（→ 48 ページ）も考慮する必要があります。

相続人同士の思惑や利害が対立することもあるでしょう。しかし、**それぞれの相続人が自分の都合を主張するだけでは、話し合いはまとまりません。お互いの事情に配慮する姿勢も大切です。**相続人が 1 人でも同意しなければ協議は成立しないのです。

■ 協議がまとまらないときは

遺産分割協議がまとまらない場合、相続人は家庭裁判所へ調停を申し立てることもできます。裁判所が選んだ調停委員に助言をしてもらいながら、現実的な解決策を調整する方法です。申立ての際は、「遺産分割調停申立書」と被相続人や相続人の戸籍謄本、住民票、相続財産の資料などを提出します。

調停でも決着しない場合は審判へと移行します。審判では、これまでの協議の内容などを踏まえて、裁判所ができるだけ公平な分割の内容を決定することになります。

ひとくちメモ **電話やメールなども使える** 遺産分割協議は 1 つの場所に相続人が集まる必要はなく、電話やメール、ビデオ通話などにより協議に参加してもかまわない。

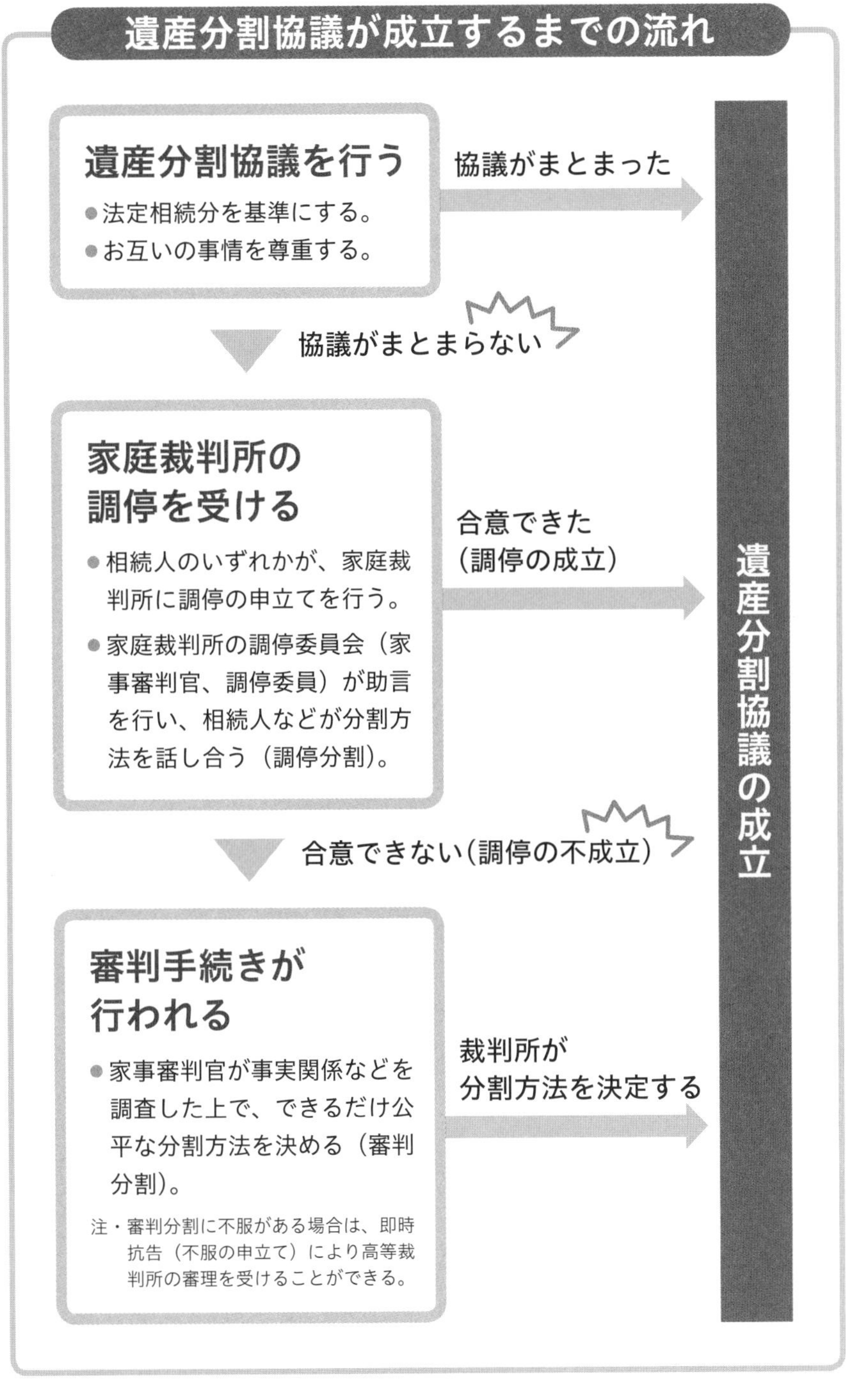

遺産分割協議が成立するまでの流れ

遺産分割協議を行う

- 法定相続分を基準にする。
- お互いの事情を尊重する。

協議がまとまった → 遺産分割協議の成立

協議がまとまらない

家庭裁判所の調停を受ける

- 相続人のいずれかが、家庭裁判所に調停の申立てを行う。
- 家庭裁判所の調停委員会（家事審判官、調停委員）が助言を行い、相続人などが分割方法を話し合う（調停分割）。

合意できた（調停の成立） → 遺産分割協議の成立

合意できない（調停の不成立）

審判手続きが行われる

- 家事審判官が事実関係などを調査した上で、できるだけ公平な分割方法を決める（審判分割）。

注・審判分割に不服がある場合は、即時抗告（不服の申立て）により高等裁判所の審理を受けることができる。

裁判所が分割方法を決定する → 遺産分割協議の成立

遺産分割協議の成立

遺産分割協議が長引くと分割方法が限定されることも

相続開始から10年間遺産分割協議が成立しない場合、法定相続分または指定相続分により遺産分割をすることになる。

■ 遺産分割協議に期限はないが…

遺産分割協議の成立までの期間には、法律上の期限などはありません。しかし令和5年4月から、**相続開始から10年が経過した後に行われる遺産分割は、原則として遺言による相続分（指定相続分）または法定相続分によって行う**というルールが設けられました。

特別受益や寄与分など、個別事情の主張もできなくなります。ただし、10年が経過する前に、家庭裁判所に調停や審判の申立てをしている場合を除きます。また、相続人全員の合意があれば協議による分割も可能です。

■ 協議は長引くほど不利になる

令和5年4月1日（施行日）より前に開始している相続も、このルールの対象です。ただし、**施行のとき既に10年が経過していた場合や、施行日から5年以内に10年が経過するという場合は、施行日から5年間は通常の遺産分割が認められます**（右ページの①と②）。

相続開始から長期にわたって遺産分割が行われない（権利関係が明確ではない）状態が続くと、その間遺産の管理や処分も適切に行えません。相続登記も行うことができず、過料などのペナルティを受ける可能性もあります。その間に相続人が亡くなったりすると、いっそう協議は複雑になります。

遺産分割協議は、できるだけすみやかに成立させるよう心がけましょう。

ひとくちメモ **相続人申告登記をしておく** 遺産分割協議が相続登記の期限内にまとまらない可能性がある場合は、相続人申告登記という簡易的な登記をしておく方法がある（→30ページ）。

「10年」が1つの区切りとなる

相続開始から
10年が過ぎた
遺産分割

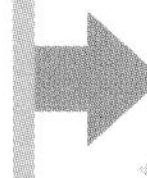

原則として遺言または
法定相続分により
遺産分割を行う。
（特別受益や寄与分など、
個別の事情を考慮しない）

令和5年3月までの 相続開始には猶予期間がある

❶ 施行（令和5年4月1日）のとき、既に10年を過ぎている

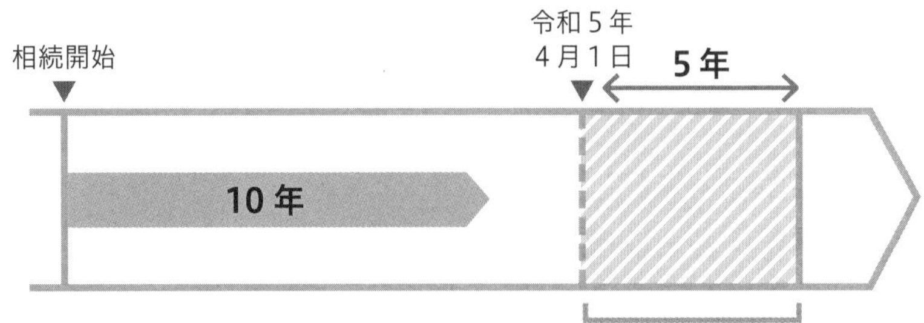

❷ 施行（令和5年4月1日）から5年以内に10年が過ぎる

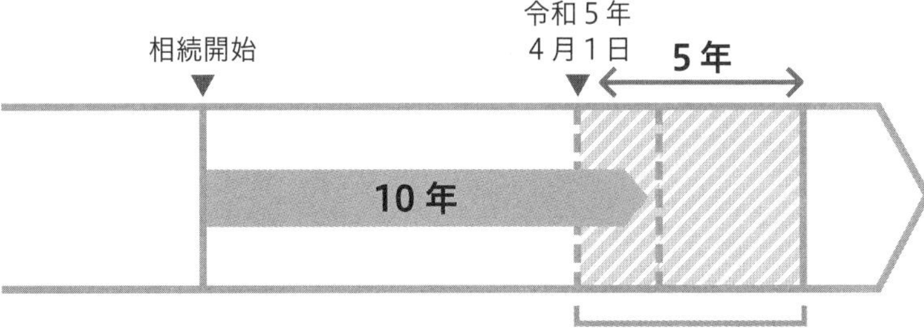

一定額以上の財産には相続税がかかる

相続財産に対する相続税は、基礎控除を超えた部分にかかる。
申告・納税の期限は相続開始の翌日から10か月。

まず「基礎控除」を確認

相続で誰もが気にかかるのは相続税でしょう。**相続税には「3000万円+600万円×相続人の数」という基礎控除があります。相続財産の合計額がこの基礎控除の金額を超えなければ、相続税はかからず申告も不要です。**

相続財産の合計額を知るには、相続財産を調査して財産目録を作成しましょう。それぞれの財産を「評価」して、すべて金銭に換算・合計します。評価方法は、財産の種類により決められています。不動産の場合、家屋は固定資産税評価額が基準です。土地はその用途による区分（地目）により、路線価方式または倍率方式により評価します。

相続財産の合計額から基礎控除を差し引いた金額が相続税の対象です。相続税の計算は64ページの手順で行います。

申告期限は厳守する

相続税の申告・納付は、被相続人の亡くなった日（相続開始）の翌日から10か月が期限です。この期限を過ぎると延滞税などが発生します。申告するのは、亡くなった人の住所地を管轄する税務署です。

納付は納付書により税務署や金融機関の窓口で行うほか、コンビニやスマートフォンなど*からの納付もできます。クレジットカードやインターネットバンキングも利用できます。

ひとくちメモ　**宅地の評価**　市街地の宅地の評価方法である路線価方式は、土地の面している道路ごとにつけられた1㎡当たりの評価額を基本に、その土地の面積を掛けて計算する。

＊コンビニやスマートフォンからの納付は税額30万円まで。

相続税の基礎控除と税率

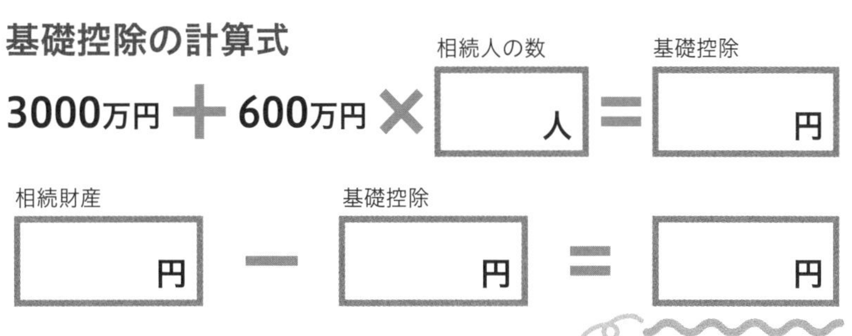

この金額に相続税がかかる（申告が必要）。
計算結果がマイナスなら相続税はかからない

相続税の税率（速算表）

Ⓐ 各相続人の取得金額（法定相続分による）	Ⓑ 税率	Ⓒ 控除額
1000 万円以下	10%	−
1000 万円超 3000 万円以下	15%	50 万円
3000 万円超 5000 万円以下	20%	200 万円
5000 万円超 1 億円以下	30%	700 万円
1 億円超 2 億円以下	40%	1700 万円
2 億円超 3 億円以下	45%	2700 万円
3 億円超 6 億円以下	50%	4200 万円
6 億円超	55%	7200 万円

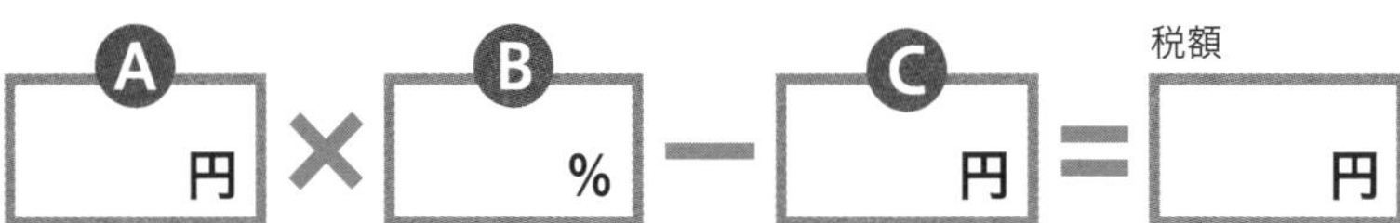

相続人ごとの税額の合計が相続税の総額。実際の相続割合による負担額を各相続人が納める（計算の流れは 64 ページ）。

相続税の計算の流れ

1 相続財産の総額を計算する

すべての相続財産（→ 38 ページ）をあきらかにして合計する。

2 基礎控除を差し引く

基礎控除の額は相続人の数で変わる（→ 63 ページ）。

3 相続税の総額を計算する

相続財産を法定相続分で分割して各相続人の税額を計算、税額をいったん合計する。

4 相続税の総額を実際の相続割合で分割する

この計算方法により、分割方法で税額が変わることを避けられる。

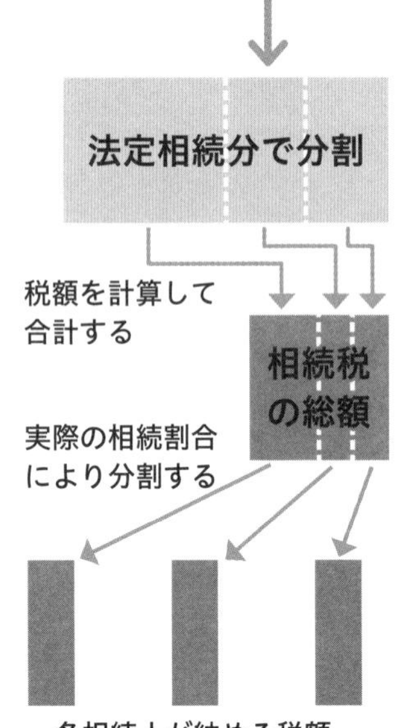

相続税の申告書と必要書類

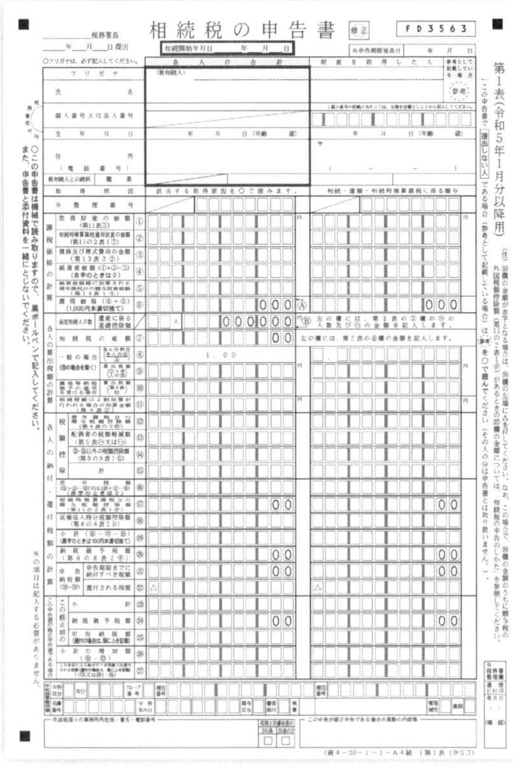

相続税の申告書　修正　FD3563

＿＿＿税務署長
＿＿年＿＿月＿＿日提出

相続開始年月日　　年　月　日

※申告期限延長日　　年　月　日

○フリガナは、必ず記入してください。

	各人の合計	財産を取得した人
フリガナ	（被相続人）	
氏名		参考として記載している場合（参考）
個人番号又は法人番号		↓個人番号の記載に当たっては、左端を空欄としここから記入してください。
生年月日	年　月　日（年齢　歳）	年　月　日（年齢　歳）
住所（電話番号）		〒（　－　－　）
被相続人との続柄／職業		
取得原因	該当する取得原因を○で囲みます。	相続・遺贈・相続時精算課税に係る贈与
※整理番号		
課税価格の計算 ① 取得財産の価額（第11表③）	円	円
② 相続時精算課税適用財産の価額（第11の2表1⑦）		
③ 債務及び葬式費用の金額（第13表3⑦）		
④ 純資産価額（①＋②－③）（赤字のときは0）		
⑤ 純資産価額に加算される暦年課税分の贈与財産価額（第14表1④）		
⑥ 課税価格（④＋⑤）（1,000円未満切捨て）	000 Ⓐ	000
各人の算出税額の計算　法定相続人の数／遺産に係る基礎控除額	人　000000 円Ⓑ	左の欄には、第2表の②欄の⑤の人数及び⑥の金額を記入します。
⑦ 相続税の総額	00	左の欄には、第2表の⑧欄の金額を記入します。
⑧ 一般の場合（⑩の場合を除く）あん分割合（各人の⑥／Ⓐ）	1.00	.
⑨ 算出税額（⑦×各人の⑧）	円	円
⑩ 農地等納税猶予の適用を受ける場合　算出税額（第3表⑩）		
⑪ 相続税額の2割加算が行われる場合の加算金額（第4表⑦）	円	円
各人の納付・還付税額の計算　税額控除 ⑫ 暦年課税分の贈与税額控除額（第4表の2⑳）		
⑬ 配偶者の税額軽減額（第5表㋑又は㋠）		
⑭ ⑫・⑬以外の税額控除額（第8の8表1⑮）		
⑮ 計		
⑯ 差引税額（⑨＋⑪－⑮）又は（⑩＋⑪－⑮）（赤字のときは0）		
⑰ 相続時精算課税分の贈与税額控除額（第11の2表1⑱）	00	00
⑱ 医療法人持分税額控除額（第8の4表2B）		
⑲ 小計（⑯－⑰－⑱）（黒字のときは100円未満切捨て）		
⑳ 納税猶予税額（第8の8表2⑧）	00	00
申告納税額（⑲－⑳）㉑ 申告期限までに納付すべき税額	00	00
㉒ 還付される税額	△	△
この申告書が修正申告書である場合　修正前の ㉓ 小計		
㉔ 納税猶予税額	00	00
㉕ 申告納税額（還付の場合は、頭に△を記載）		
㉖ 小計の増加額（⑲－㉓）		
㉗ この申告により納付すべき税額又は還付される税額（還付の場合は、頭に△を記載）（㉑又は㉒－㉕）		

第1表（令和5年1月分以降用）

（この申告書で「提出しない人」である場合（参考として記載している場合）は「参考」を○で囲んでください（その人の分は申告書とは取り扱いません。）。）

（注）㉑欄の金額が赤字となる場合は、㉑欄の左端に△を付してください。なお、この場合で、㉑欄の金額のうちに贈与税の外国税額控除額（第11の2表1⑲）があるときの㉒欄の金額については、「相続税の申告のしかた」を参照してください。

○この申告書は機械で読み取りますので、黒ボールペンで記入してください。
また、申告書と添付資料を一緒にとじないでください。

※の項目は記入する必要がありません。

作成税理士の事務所所在地・署名・電話番号　税理士法書面提出　30条　33条の2

この申告が修正申告である場合の異動の内容等

（資4－20－1－1－A4統一）第1表（令5.7）

◀相続税の申告書第1表

申告書は第15表まである。財産の内容や適用を受ける控除や特例により、必要なものを使う。

いつまでに（申告期限）

相続開始の翌日から10か月以内

誰が

相続税がかかる相続人。申告書は1通にまとめるほか、各相続人が個別に申告書を作成・申告してもよい。

どこへ

亡くなった人の住所地を管轄する税務署

必要書類

- □ 亡くなった人の生まれてから亡くなるまでの戸籍謄本等
- □ 相続人全員の戸籍謄本（または法定相続情報一覧図）
- □ 遺言書または遺産分割協議書
  - ・遺産分割協議書の場合、相続人全員の印鑑証明書も必要。
- □ 相続人全員のマイナンバーカードのコピー（表と裏）
  - ・マイナンバーカードがない場合、通知カード＊のコピーか住民票(マイナンバーの記載があるもの)、身元確認書類のコピー（運転免許証、パスポート、健康保険証など）。
- □ 相続財産の評価に関する書類
- □ 特例などの適用資格を証明する書類

＊令和2年に廃止されたが、氏名や住所の記載が変わっていなければ、引き続き証明書類として使用できる。

COLUMN

相続は トラブルになりやすい

相続は比較的大きな金銭がかかわることであり、何かとトラブルになりがちです。

そもそも家族の仲がよくないという場合はもちろん、相続財産がほぼ自宅などの不動産のみという場合には、すべての相続人が納得できる分割が難しいこともあります。生前の介護負担や高額な生前贈与なども、どう遺産分割に反映させるかについて争いになりやすいポイントです。

トラブルを避けるには、生前に被相続人が財産目録や遺言書をつくっておくほか、早めに相続人や家族の間で話し合って、問題点を解消しておくことも大切です。トラブルが予想される場合は、税理士や弁護士などに相談しておくのもよいでしょう。

トラブルになりやすい相続のケース

- □ **家族の仲が悪い、疎遠**
  連絡が取れず話し合いができないこともある。
- □ **相続財産はほぼ自宅不動産のみ**
  不動産は分けづらい。特に共有名義の不動産には注意。
- □ **特定の相続人などに介護負担や生前贈与があった**
  金銭への評価や遺産分割への反映は合意が難しい。
- □ **遺言書の内容が不公平**
  特定の相続人にかたよっていたり、相続人以外への遺贈があるなど。
- □ **前妻の子や認知された子がいる、内縁の配偶者がいる**
  立場が異なるため、公平な遺産分割について合意が難しい。
- □ **配偶者に子がいない**
  父母や兄弟姉妹が相続人になると合意が難しくなる。
- □ **亡くなった人が事業をしていた**
  後継者問題がある、財産の内容が多岐にわたり複雑など。

パート3 相続する不動産を確認しよう

相続する不動産は、正しい登記のためにも
正確に調べなければなりません。
登記簿（登記事項証明書）などから必要な情報を
読み取りましょう。

このパートで取り上げている項目

相続する不動産はもれのないようしっかり探す

まとめ　亡くなった人がどんな不動産を持っていたか調査する。その詳細はその不動産の登記事項証明書を取得して確認する。

■ 相続する不動産をすべて調べる

遺産分割を行うには、まず相続財産を調査・確認して、財産のなかにどんな不動産があるかはっきりさせなければなりません。遺産分割協議や相続登記の後に新たな不動産が見つかったという場合には、再度相続の話し合いをして、相続登記もやり直すことになってしまいます。

亡くなった人の自宅や利用していた貸金庫などで、市区町村から送られてくる固定資産税の納税通知書（課税明細書）、権利証（登記済権利証または登記識別情報通知書）など、不動産にかかわる資料を集めます。

■ 名寄帳を取得してみる

市区町村役場で名寄帳（なよせちょう）（亡くなった人がその市区町村で所有していた不動産の一覧）を取得してみるのもよいでしょう。請求には、亡くなった人の戸籍（除籍）謄本、相続人であることがわかる戸籍謄本、本人確認書類などが必要です。ただし、その市区町村以外の不動産は確認できません。

なお、令和８年２月２日から、亡くなった人名義の全国の不動産の一覧情報を、法務局から取得できるようになります（→ 11 ページ）。

集めた書類に記載された不動産は、地番や家屋番号により登記事項証明書を取得して、所有者や権利状況を確認します（→ 70 ページ）。地番や家屋番号の表示は、住所とは異なることが多いので注意します。

ひとくちメモ	**固定資産評価証明書も取得しておく**　名寄帳を取得する際は、同じ窓口で相続登記の必要書類である固定資産評価証明書（→ 110 ページ）も一緒に取得しておくと手間が省ける。

亡くなった人の不動産の調べ方

❶ 亡くなった人の残した書類を調べる

権利証
（登記済権利証または
登記識別情報通知書）

不動産を登記すると法務局から交付される書類。交付された年代などで体裁は異なる。

固定資産税の納税通知書
（課税明細書）

年に一度、不動産の所有者に送られる固定資産税納付の通知書。評価額が低く非課税の不動産は記載されない。

❷ 市区町村の記録を確認する

名寄帳
（固定資産課税台帳）

亡くなった人が、その市区町村内に所有する不動産の一覧。市区町村（東京23区は都税事務所）への請求により取得できる。

▼

把握していない不動産の記載がないか？

● それぞれの書類で不動産の地番や家屋番号を確認する。

▼

地番や家屋番号により登記事項証明書を取得して、不動産の名義や内容などを調べる。

▼登記事項証明書

東京都世田谷区若林〇丁目〇　　全部事項証明書　　（土地）

表題部（土地の表示）		調製		不動産番号	
地図番号		筆界特定			
所在			余白		
①地番	②地目	③地積　㎡			
所有者					

権利部（甲区）（所有権に関する事項）			
順位番号	登記の目的	受付年月日・受付番号	権利者その他の事項

権利部（乙区）（所有権以外の権利に関する事項）			
順位番号	登記の目的	受付年月日・受付番号	権利者その他の事項

共同担保目録			
記号及び番号		調製	
番号		順位番号	

これは登記記録に記録されている事項の全部を証明した書面である。
（東京法務局管轄）
令和〇年〇月〇日
東京法務局　　登記官　　冬木勘太

誰でもどこの法務局でも取得できる

登記事項証明書は不動産の公的な証明書。誰でもどこの法務局でも取得できる。窓口のほか郵送やオンライン請求もできる。

■現在の登記内容を確認できる

登記事項証明書（登記簿謄本）は、登記簿に記録された不動産の所在地や面積、所有者や権利関係などを記載した公的な証明書です。法務局に請求して取得します。登記事項証明書を見れば、相続する不動産の正確な内容や現在の権利関係がわかります。現在はほとんどの法務局でデータ化されており、誰でもどこの法務局からも請求・取得できます。**土地と建物の登記簿は別につくられているため、それぞれ請求が必要です。**

■請求には地番や家屋番号が必要

登記事項証明書の交付請求書には、その不動産を特定するため、土地なら「地番」、建物なら「家屋番号」の記入が必要です。権利証などの記載を確認します。わからない場合は法務局で調べるほか（→「ひとくちメモ」）、問い合わせれば教えてもらえることもあります。

法務局の窓口で直接請求するとその場で発行されます。また、郵送でも請求・取得できます。必要事項を記入して必要額の収入印紙を貼った交付請求書を、必要額の切手を貼った返信用の封筒とともに送付します。その他、オンライン請求もできます（登記・供託オンライン申請システム→ 72 ページ）。

自宅などで、権利証などと一緒に古い登記簿謄本が見つかることもありますが、念のため最新の登記事項証明書による確認は欠かせません。

ひとくちメモ	**地番検索システム**　法務局では、このシステムにより住所から地番を検索できる。地番検索システムがない法務局では、ブルーマップという地図から調べることができる。

登記事項証明書交付請求書の例

「不動産用」を使用する。

不動産用

登記事項証明書
登記簿謄本・抄本 交付請求書

※太枠の中に記載してください。

窓口に来られた人（請求人）
住所 東京都練馬区小竹町〇丁目〇番〇号
フリガナ タカイ シュンイチ
氏名 高井 俊一

収入印紙欄

収入印紙

収入印紙

（登記印紙も使用可能）
収入印紙は割印をしないでここに貼ってください。

※地番・家屋番号は，住居表示番号（〇番〇号）とはちがいますので，注意してください。

種別（✓印をつける）	郡・市・区	町・村	丁目・大字・字	地番	家屋番号又は所有者	請求通数
1 ✓土地 2 □建物	世田谷区	若林	〇丁目	〇番		1
3 □土地 4 ✓建物	世田谷区	若林	〇丁目		〇番	1
5 □土地 6 □建物						
7 □土地 8 □建物						
9 □財団（□目録付） □船舶 □その他						

※共同担保目録が必要なときは，以下にも記載してください。
次の共同担保目録を「種別」欄の番号 1、4 番の物件に付ける。
✓現に効力を有するもの □全部（抹消を含む） □（ ）第 号

※該当事項の□に✓印をつけ，所要事項を記載してください。
✓登記事項証明書・謄本（土地・建物）
専有部分の登記事項証明書・抄本（マンション名 ）
□ただし，現に効力を有する部分のみ（抹消された抵当権などを省略）
□一部事項証明書・抄本（次の項目も記載してください。）
共有者 に関する部分
□所有者事項証明書（所有者・共有者の住所・氏名・持分のみ）
□所有者 □共有者
□コンピュータ化に伴う閉鎖登記簿
□合筆，滅失などによる閉鎖登記簿・記録（昭和/平成 年 月 日閉鎖）

交付通数	交付枚数	手数料	受付・交付年月日

（乙号・1）

1 請求する人の住所と氏名を記入する

ここに必要額の収入印紙を貼る。

2 請求する不動産を記入する

土地または建物にチェックして、不動産の所在を記入する（土地は「地番」、建物は「家屋番号」。住所とは異なる）。必要な通数を記入する。

3 共同担保目録が必要な場合に記入する

「現に効力を有するもの」にチェックして、**2**に記入した不動産の番号を記入する（この場合1、4）。

4 必要な登記事項証明書の内容を記入する

「登記事項証明書・謄本」にチェックする（全部事項証明書）。

誰が	誰でも取得できる
どこへ	全国の法務局 ・窓口の受付時間 月～金曜 9時～17時
いくら	1通600円 （建物と土地なら2通分）。
必要書類	□（郵送請求の場合）必要額の切手を貼った返信用封筒

注・相続では、すべての登記記録が記載された全部事項証明書が必要。その他、現在事項証明書（現在の登記記録のみ）、一部事項証明書（指定した特定部分のみ）などがある。

登記事項証明書はインターネットで請求できる

「登記・供託オンライン申請システム」によるオンライン請求は、まず下のホームページにアクセス。「かんたん証明書請求」にログインして、画面上で請求書を作成して送信します。

▼「登記・供託オンライン申請システム」トップ画面
(https://www.touki-kyoutaku-online.moj.go.jp/)

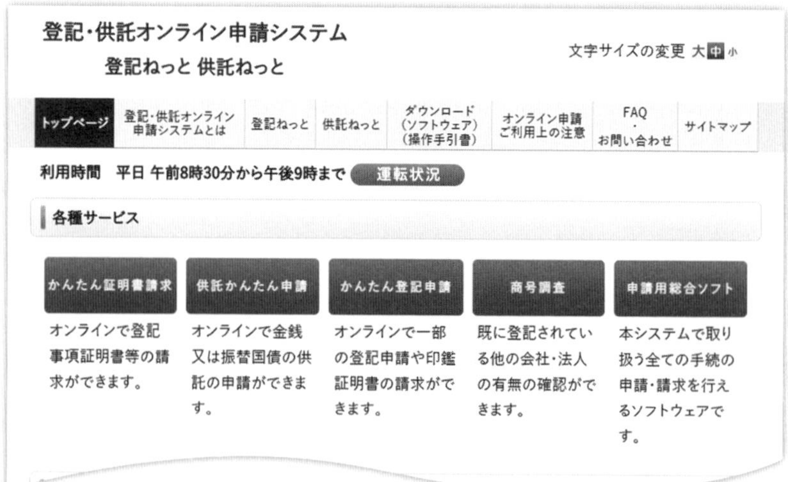

オンライン請求のメリット (かんたん証明書請求)

①手数料が安い

…本来の手数料600円が、郵送で受け取りなら500円、窓口で受け取りなら480円になる（いずれも1通当たり）。

②どこからでも請求できる

…自宅などから請求できる。手数料も電子納付ができる。

③利用時間が長い

…月～金曜の8時30分から21時まで請求できる。

利用にはまず登録が必要

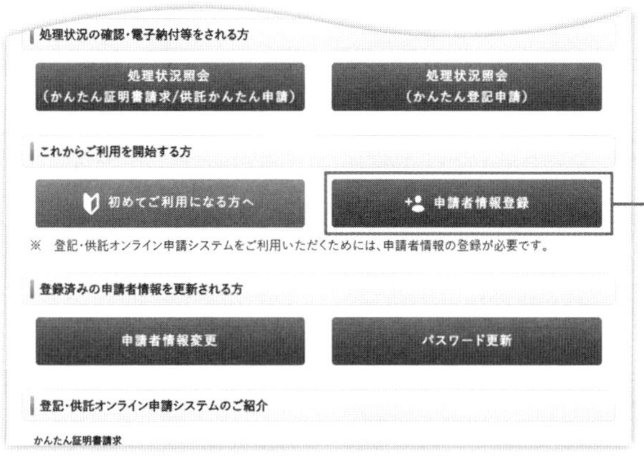

①申請する人の情報を登録する（初回）

トップ画面を下にスクロールして、「申請者情報登録」をクリック。

- 画面の指示にしたがって、IDやパスワードを設定、氏名・住所などの情報を入力する。

Step 1-2 請求情報の入力

［不動産用］ 登記事項／地図・図面証明書交付請求書

手続案内

※ オンライン請求の対象や流れ等の詳細を確認される場合は，左の「手続案内」ボタンをクリックしてください。

▲請求情報の入力画面

②登記事項証明書を請求する

登録が完了したら、トップ画面の「かんたん証明書請求」などをクリックしてログイン。登記事項証明書を請求する不動産の情報や交付方法などを入力して送信する。

- 受け取りは法務局の窓口または郵送。
- 手数料は、ネットバンキングによる電子納付やペイジー（Pay-easy）などで支払うことができる。

PDF ファイルで登記情報を受け取るサービスもある

法務局では、登記情報を PDF ファイルにより提供する「登記情報提供サービス」も行っています（https://www1.touki.or.jp/）。最新の登記情報をすぐに確認できるのがメリットです（「不動産登記情報・全部事項」331 円など）。ただし、あくまで確認用であり、各種証明書としては使えません。

相続する不動産を3つのブロックで確認する

登記事項証明書には不動産の重要事項が記載されている。相続登記の申請でも必要になるので、しっかり内容を把握する。

■ 表題部と権利部を順に確認

登記事項証明書を取得したら、さっそくその内容を確認します。記載は「表題部」と「権利部」のブロックに分かれています。**表題部には「どこにあるどんな不動産か」、権利部には「その不動産の権利関係」が記載されています。権利部はさらに甲区と乙区に分かれ、甲区は所有権について、乙区は所有権以外の権利について記載されています。**

■ マンションは表示がやや複雑になる

登記事項証明書は、建物と土地それぞれ別につくられています。土地の表題部では、所在、地番、地目、地積が、建物の表題部では、所在、家屋番号、種類、構造、床面積がわかります。所在の記載などから、その不動産を管轄する法務局を確認できます。

マンションの表題部は、所有する専有部分（部屋）と土地（敷地権）のほか、マンション全体の情報も記載されるためやや複雑です（→77ページ）。

甲区では現在の所有者を確認します。所有者が複数の場合（共有名義）は、それぞれの持分が記載されます。乙区では、所有権以外の権利がついていないかどうか確認します。それぞれ下の欄ほど新しい情報で、その不動産の権利がこれまでどのように変化してきたかがわかります。下線の引かれた内容は既に抹消された権利です（確認ポイント→78ページ）。

ひとくちメモ	**登記事項証明書の記載通りに**　相続登記の登記申請書や遺産分割協議書などで不動産を記載するときは、不動産を正確に特定できるよう、登記事項証明書の記載の通りにすることが重要。

登記事項証明書（土地）の記載ポイント

東京都世田谷区若林○丁目○　　　　全部事項証明書　　　（土地）

表　題　部（土地の表示）		調製	余白	不動産番号	0000000000000
地図番号	余白	筆界特定	余白		
所　在	世田谷区若林○丁目			余白	
① 地　番	②地　目	③ 地　積　㎡		原因及びその日付［登記の日付］	
○番	宅地	200｜00		不詳 ［昭和○年○月○日］	

権　利　部（甲　区）（所　有　権　に　関　す　る　事　項）			
順位番号	登　記　の　目　的	受付年月日・受付番号	権　利　者　そ　の　他　の　事　項
1	所有権移転	昭和○年11月11日 第0000号	原因　昭和○年11月11日売買 所有者　世田谷区若林○丁目○番○号 高　井　太　郎

権　利　部（乙　区）（所　有　権　以　外　の　権　利　に　関　す　る　事　項）			
順位番号	登　記　の　目　的	受付年月日・受付番号	権　利　者　そ　の　他　の　事　項
1	抵当権設定	昭和○年4月4日 第000号	原因 昭和○年4月4日金銭消費貸借同日設定 債権額　金4000万円 利息 年2.0%（年365日日割計算） 損害金 年14.0%（年365日日割計算） 債務者 世田谷区若林○丁目○番 高　井　太　郎 抵当権者 新宿区○○町○丁目○番○号 株　式　会　社　A　B　C　銀　行 共同担保　（い）第0000号
2	1番抵当権抹消	平成○年○月○日 第0000号	原因 平成○年○月○日解除

共　同　担　保　目　録			
記号及び番号	（い）第0000号	調製	昭和○年○月○日
番　号	担保の目的である権利の表示	順位番号	予　備
1	世田谷区若林○丁目○番の土地	1	余白
2	世田谷区若林○丁目○番地　家屋番号 ○番の建物	1	余白

これは登記記録に記録されている事項の全部を証明した書面である。
（東京法務局管轄）
令和○年○月○日
東京法務局　　　　登記官　　　　冬　木　勘　太

表題部

その土地の基本情報がわかる。

不動産番号…1つの土地（1筆）ごとに割りふられた13ケタの番号。

所在…その土地のある市区町村。

地番、地目、地積…土地の地番、用途、面積。

権利部(甲区)

所有権に関することがわかる。

順位番号…権利が登記された順番（下に行くほど新しい）。

登記の目的…所有権の移転など。

権利者その他の事項…現在にいたるまでの所有者。

- 下線のある情報は抹消ずみの権利。

共同担保目録

複数の不動産を担保にお金を借りた場合に、その不動産すべてが記載される。

権利部（乙区）

所有権以外の権利に関することがわかる。

順位番号…権利が登記された順番（下に行くほど新しい）。

登記の目的…抵当権、根抵当権、賃借権の設定・抹消など。

権利者その他の事項…現在にいたるまでの権利状態の推移。

- 抵当権なら、借入先や借入金額、金利などが記載される。
- 下線のある情報は抹消ずみの権利。

登記事項証明書（建物）の記載ポイント

東京都世田谷区若林○丁目○　　　　全部事項証明書　　　（建物）

表 題 部（主である建物の表示）		調製	余白	不動産番号	0000000000000
所在図番号	余白				
所　在	世田谷区若林○丁目○番		余白		
家屋番号	○番		余白		
① 種 類	②構 造	③ 床 面 積 ㎡	原因及びその日付［登記の日付］		
居　宅	木造かわらぶき2階建	1階 60.00 2階 50.00	昭和○年11月20日新築 ［昭和○年12月1日登記］		
所有者	世田谷区若林○丁目○番　高 井 太 郎				

権 利 部（甲 区）（所 有 権 に 関 す る 事 項）			
順位番号	登 記 の 目 的	受付年月日・受付番号	権 利 者 そ の 他 の 事 項
1	所有権保存	昭和○年11月20日 第0000号	所有者　世田谷区若林○丁目○番○号 高 井 太 郎

権 利 部（乙 区）（所 有 権 以 外 の 権 利 に 関 す る 事 項）			
順位番号	登 記 の 目 的	受付年月日・受付番号	権 利 者 そ の 他 の 事 項
1	抵当権設定	昭和○年4月4日 第000号	原因 昭和○年4月4日金銭消費貸借同日設定 債権額　金4000万円 利息 年2.0%（年365日日割計算） 損害金 年14.0%（年365日日割計算） 債務者 世田谷区若林○丁目○番 高 井 太 郎 抵当権者 新宿区○○町○丁目○番○号 株 式 会 社 Ａ Ｂ Ｃ 銀 行 共同担保（い）第0000号
2	1番抵当権抹消	平成○年○月○日 第0000号	原因 平成○年○月○日解除

共 同 担 保 目 録			
記号及び番号	（い）第0000号	調製	昭和○年○月○日
番 号	担保の目的である権利の表示	順位番号	予　備
1	世田谷区若林○丁目○番の土地	1	余白
2	世田谷区若林○丁目○番　家屋番号 ○番の建物	1	余白

これは登記記録に記録されている事項の全部を証明した書面である。
（東京法務局管轄）
令和○年○月○日
東京法務局　　　　登記官　　　　冬 木 勘 太

表題部

その建物の基本情報がわかる。

不動産番号…1つの建物（1個）ごとに割りふられた13ケタの番号。

所在…その建物のある土地の所在と地番。

家屋番号…基本的に土地の地番と共通。

種類、構造、床面積…建物の用途、構成材料や屋根の種類、階数と床面積。

原因及びその日付［登記の日付］…新築等により登記された日付など。

権利部（甲区）

所有権に関することがわかる。

順位番号…権利が登記された順番（下へ行くほど新しい）。

登記の目的…所有権の保存・移転など。

権利者その他の事項…現在にいたるまでの所有者。

- 下線のある情報は抹消ずみの権利。

権利部（乙区）

所有権以外の権利に関することがわかる。

順位番号…権利が登記された順番（下へ行くほど新しい）。

登記の目的…抵当権、根抵当権、賃借権の設定・抹消など。

権利者その他の事項…現在にいたるまでの権利状態の推移。

- 抵当権なら、借入先や借入金額、金利などが記載される。
- 下線のある情報は抹消ずみの権利。

共同担保目録

複数の不動産を担保にお金を借りた場合に、その不動産すべてが記載される。

マンション（区分建物）の表題部はこう見る

※専有部分と敷地部分が一体化して登記されている場合。

埼玉県所沢市寿町○丁目○−○− 102　　全部事項証明書　　（建物）

専有部分の家屋番号	○−○− 101 〜○−○− 104　○−○− 201 〜○−○− 204			
表題部（一棟の建物の表示）	調製	余白	所在図番号	余白
所在	世田谷区若林○丁目○番		余白	
建物の名称	寿マンション		余白	

①構造	②床面積　㎡	原因及びその日付［登記の日付］
鉄骨コンクリート造陸屋根 2階建	1階　400 00 2階　400 00	［平成○年5月1日］

表題部（敷地権の目的である土地の表示）

①土地の符号	②所在及び地番	③地目	④地積　㎡	登記の日付
1	世田谷区若林○丁目○番	宅地	850 00	平成○年5月1日

表題部（専有部分の建物の表示）			不動産番号	0000000000000
家屋番号	寿町○丁目○番○の 102		余白	
建物の名称	102		余白	
①種類	②構造	③床面積　㎡	原因及びその日付［登記の日付］	
居宅	鉄骨コンクリート造1階建	1階部分　100 00	平成○年4月23日新築 ［平成○年5月1日］	

表題部（敷地権の表示）

①土地の符号	②敷地権の種類	③敷地権の割合	原因及びその日付［登記の日付］
1	所有権	8分の1	平成○年4月23日敷地権 ［平成○年5月1日］
所有者	所沢市寿町○丁目○番○号　株式会社△△不動産		

権利部（甲区）（所有権に関する事項）

順位番号	登記の目的	受付年月日・受付番号	権利者その他の事項
1	所有権保存	平成○年5月1日 第0000号	原因　平成○年5月1日売買 所有者　所沢市寿町○丁目○番○号 小島隆彦

他の登記事項証明書と同様、権利部（甲区）、権利部（乙区）が続く。

表題部（一棟の建物の表示）

マンション全体の建物のことがわかる。

- 所在や建物の名称、構造、全体の床面積など。

表題部（敷地権の目的である土地の表示）

マンション全体の敷地のことがわかる。

- 所在や地番、地目、地積など。

表題部（専有部分の建物の表示）

所有している部屋に関することがわかる。

- 不動産番号や家屋番号、建物の構造や専有部分の床面積など。
  家屋番号…一般の建物と異なり、町名から記載される。
  建物の名称…部屋番号などが表示される。

表題部（敷地権の表示）

敷地への権利に関することがわかる。

- 権利の内容やその割合など。
  敷地権の割合…マンションの敷地のうち、所有している権利の割合が記載される。
  所有者…登記を申請したマンションの分譲会社など（例では権利抹消ずみ）。

注意！

専有部分と敷地部分が別に登記されているケースもある。この場合は、建物と敷地それぞれについて、登記事項証明書を取得する必要がある。

登記事項証明書はここを確認する

取得した登記事項証明書では、必ず権利部（甲区、乙区）の記載内容をチェックしましょう。

【権利部(甲区)の確認ポイント①】

亡くなった人が所有者（名義人）かどうか

たとえば、亡くなった人でなくその祖父母名義のままになっている場合、相続登記の際、祖父母の相続人全員にも同意を得る必要がある。

【権利部(甲区)の確認ポイント②】

名義人の住所は現在のものか

古い住所の場合、相続登記の際に住民票の除票または戸籍の附票により、現在の住所とのつながりを証明することが必要になる。

権利部（甲区）（所有権に関する事項）			
順位番号	登記の目的	受付年月日・受付番号	権利者その他の事項
1	所有権移転	昭和○年7月7日 第0000号	原因　昭和○年7月7日売買 所有者　台東区西浅草○丁目○番○号 中谷通
2	所有権移転	平成○年4月15日 第0000号	原因　平成○年4月15日相続 所有者　台東区西浅草○丁目○番○号 中谷夕子

甲区の一番下の記載が現在の所有者。住所も確認する。

【権利部（甲区）の確認ポイント③】

共有名義になっていないか

「権利その他の事項」で「持分」の記載を確認する。相続対象は亡くなった人の持分のみ。現在共有している人を確認しておく。

権利部（甲区）（所有権に関する事項）			
順位番号	登記の目的	受付年月日・受付番号	権利者その他の事項
1	所有権移転	昭和○年9月10日 第0000号	原因　昭和○年9月10日売買 所有者　豊島区池袋○丁目○番○号 横山太郎
1	所有権一部移転	平成○年10月20日 第0000号	原因　平成○年4月15日売買 共有者　板橋区加賀○丁目○番○号 持分2分の1　東省吾

横山太郎2分の1、東省吾2分の1の共有名義となっている。

東京都世田谷区若林○丁目○　全部事項証明書　（土地）

表　題　部（土地の表示）	調製		不動産番号	
地図番号		筆界特定		
所　在			余白	
① 地 番	②地 目	③ 地 積　㎡		
所有者				

権 利 部（甲 区）（所 有 権 に 関 す る 事 項）			
順位番号	登 記 の 目 的	受付年月日・受付番号	権 利 者 そ の 他 の 事 項

権 利 部（乙 区）（所 有 権 以 外 の 権 利 に 関 す る 事 項）			
順位番号	登 記 の 目 的	受付年月日・受付番号	権 利 者 そ の 他 の 事 項

共 同 担 保 目 録			
記号及び番号		調製	
番 号		順位番号	

これは登記記録に記録されている事項の全部[illegible]した書面である。
（東京法務局管轄）
令和○年○月○日
東京法務局　登記官　冬 木 勤 太

［権利部(乙区)の確認ポイント］

抵当権や根抵当権が残っていないか

下線のある情報は抹消ずみ。抵当権が残っていると、売却の際に抵当権抹消登記が必要になる。

［共同担保目録の確認ポイント］

把握していない不動産の記載がないか

記載があれば、その地番や家屋番号により、登記事項証明書を請求して内容を確認する。

権 利 部（乙 区）（所 有 権 以 外 の 権 利 に 関 す る 事 項）			
順位番号	登 記 の 目 的	受付年月日・受付番号	権 利 者 そ の 他 の 事 項
1	抵当権設定	昭和○年4月4日 第000号	原因 昭和○年4月4日金銭消費貸借同日設定 債権額 金4000万円 利息 年2.80% 債務者 渋谷区本町○丁目○番 手 島 花 男 抵当権者 新宿区○○町○丁目○番○号 株 式 会 社 Ａ Ｂ Ｃ 銀 行 共同担保 （い）第００００号
2	抵当権設定	昭和○年4月4日 第000号	原因 昭和○年金銭消費貸借同日設定 債権額 金500万円 利息 年3.0% 債務者 渋谷区本町○丁目○番 手 島 花 男 抵当権者 渋谷区桜丘町○丁目○番○号 株式会社みどりバンク
3	1番抵当権抹消	平成○年○月○日 第0000号	原因 平成○年○月○日解除

この例では、抵当権抹消の記載がない順位番号2の抵当権が残っている。

共 同 担 保 目 録			
記号及び番号	（い）第００００号	調製	昭和○年○月○日
番 号	担保の目的である権利の表示	順位番号	予 備
1	渋谷区本町○丁目○番の土地	1	余白
2	渋谷区本町○丁目○番 家屋番号 ○番の建物	1	余白

ここに記載されている不動産をすべて確認する。

COLUMN

法務局はどんな仕事をしているところ？

法務局とは、登記（不動産登記、法人登記など）や公証*1、供託*2、国籍、国に関する訴訟、人権擁護などの事務を扱う国が運営する機関です。法務局、地方法務局のほか、その出先機関である支局や出張所があります（いずれも一般に法務局といわれる）。登記事務について、それぞれ管轄する地域が決まっています。また、「登記所」といわれることもあります。

一般の人がかかわる機会として多いのは、マイホームの購入や新築したときの所有権保存登記や所有権移転登記、抵当権設定登記でしょう。ただし、多くの場合、司法書士や土地家屋調査士が代行するため、直接法務局に行って手続きをすることは少ないかもしれません。

相続登記を申請するその不動産の所在地を管轄する法務局は、法務局のホームページで不動産所在地の都道府県などから調べられます（最寄りの地図も掲載されている）。法務局の窓口受付時間は、月～金曜の9時から17時までです（土・日・祝日は休）。

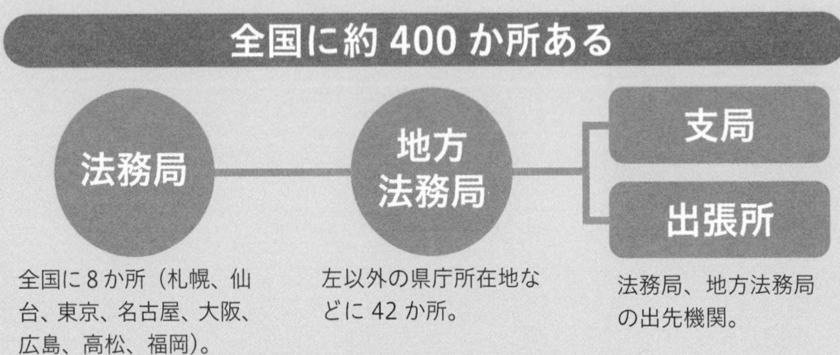

＊1　公正証書により一定の事項を公に証明する制度。
＊2　一定の法的な目的のために法務局に金銭を預ける制度。

パート4
相続登記の必要書類をそろえよう

相続登記に欠かせない、さまざまな必要書類の内容と取得の方法を確認します。
一般に最も収集が面倒なのは戸籍です。

このパートで取り上げている項目

遺産を分ける方法により必要書類は異なる

相続登記にはさまざまな書類を添付することが必要。ケースごとに違いがあるため、その内容をしっかり把握する。

■登記申請書を作成する前に準備する

亡くなった人の財産を確認して、不動産の相続のしかたが決まったら、法務局に相続登記（所有権移転登記）を申請します。このとき、**登記申請書とともに、登記内容を証明する書類の提出が必要です。**

確かに被相続人が亡くなっており相続登記が必要であること、その不動産を誰がどのように相続するのかなど、それぞれ証明する書類をそろえなければなりません。役所などで取得するほか、自ら作成する書類もあります。

■相続のしかたにより異なる

提出する必要書類は、相続による不動産の取得が、遺言によるものか、相続人が話し合って分割内容を決めたものか（遺産分割協議）、法定相続分（→ 44 ページ）によるものか（共有名義で分割）によって多少異なります。

たとえば、相続にかかわる被相続人、相続人の戸籍関係書類や住民票は、上記のケースによって必要となる範囲が異なります。また、遺言による相続なら遺言書、遺産分割協議による相続なら遺産分割協議書が必要です。それぞれ自分のケースについて確認してみてください（→ 83 ～ 85 ページ）。

その他、登記では登録免許税を納めるため、税額の根拠となる固定資産評価証明書が必要です。相続関係説明図を提出すれば戸籍謄本等が返還され、法定相続情報一覧図を提出すれば、戸籍謄本等の提出を省略できます。

ひとくちメモ	**効率よく集める**　相続登記の必要書類は、そのほかの相続手続きでも必要になるものが多い。入手先や必要な通数を確認して、同じ窓口で取得できるものはまとめて請求するなど工夫を。

「遺言による相続」の必要書類

	書類名	入手先	解説ページ
□	登記申請書	作成する	パート5
□	亡くなった人の戸籍（除籍）謄本 →**生まれてから亡くなるまでのものは不要**	市区町村役場 （本籍地など）	92、98ページ
□	亡くなった人の住民票（除票） ・または戸籍（除籍）の附票→109ページ	市区町村役場 （最後の住所地）	106ページ
□	不動産を相続する人の戸籍謄本（抄本） →**相続人全員のものは不要**	市区町村役場 （本籍地など）	96ページ
□	不動産を相続する人の住民票 ・または戸籍の附票→109ページ →**相続人全員のものは不要**	市区町村役場 （住所地）	106ページ
□	固定資産評価証明書	市区町村役場 （不動産の所在地）	110ページ
□	相続関係説明図など ・原本還付を受ける場合など	作成する	112ページ
□	遺言書 ・自筆証書遺言なら＋検認済証明書 （法務局保管なら遺言書情報証明書）	自宅や 法務局など	116ページ
□	委任状 ・相続登記を代理人に依頼する場合	作成する	122ページ
×	**遺産分割協議書は不要**		
×	**相続人の印鑑証明書は不要**		

「遺産分割協議による相続」の必要書類

	書類名	入手先	解説ページ
□	登記申請書	作成する	パート5
□	亡くなった人の戸籍(除籍)謄本 ・生まれてから亡くなるまでのもの	市区町村役場 (本籍地など)	92、98ページ
□	亡くなった人の住民票(除票) ・または戸籍(除籍)の附票→109ページ	市区町村役場 (最後の住所地)	106ページ
□	相続人の戸籍謄本(抄本) ・相続人全員のもの	市区町村役場 (本籍地など)	96ページ
□	相続人の住民票 ・不動産を取得する相続人のもの。または戸籍の附票→109ページ **→相続人全員のものは不要**	市区町村役場 (住所地)	106ページ
□	固定資産評価証明書	市区町村役場 (不動産の所在地)	110ページ
□	相続関係説明図など ・原本還付を受ける場合など	作成する	112ページ
□	遺産分割協議書	作成する	118ページ
□	相続人の印鑑証明書 ・相続人全員のもの	市区町村役場 (住所地)	118ページ
□	委任状 ・相続登記を代理人に依頼する場合	作成する	122ページ
×	遺言書は不要		

「法定相続による相続」の必要書類

書類名	入手先	解説ページ
□ 登記申請書	作成する	パート5
□ 亡くなった人の戸籍（除籍）謄本 ・生まれてから亡くなるまでのもの	市区町村役場 （本籍地など）	92、98ページ
□ 亡くなった人の住民票（除票） ・または戸籍（除籍）の附票→109ページ	市区町村役場 （最後の住所地）	106ページ
□ 相続人の戸籍謄本（抄本） ・相続人全員のもの	市区町村役場 （本籍地など）	96ページ
□ 相続人の住民票 ・相続人全員のもの。または戸籍の附票→109ページ	市区町村役場 （住所地）	106ページ
□ 固定資産評価証明書	市区町村役場 （不動産の所在地）	110ページ
□ 相続関係説明図など ・原本還付を受ける場合など	作成する	112ページ
□ 委任状 ・相続登記を代理人に依頼する場合	作成する	122ページ
× 遺言書は不要		
× 遺産分割協議書は不要		
× 相続人の印鑑証明書は不要		

亡くなった人と相続人の戸籍謄本などを集める

必要書類を集める際、特に手間がかかるのは戸籍の収集。亡くなった人のもの、相続人のものなど、必要な戸籍を把握する。

■ 誰のどんな戸籍が必要か

相続登記でまず必要な書類は戸籍です。戸籍により、その人の出生や結婚、子の出生、死亡などの証明ができます。

亡くなった人と不動産を相続する相続人について、最新（亡くなった後）の戸籍を取得します。相続が開始した（被相続人が亡くなった）ことと、相続人が確かに生存していて相続する権利があることがわかります。

亡くなった人については、生まれてから亡くなるまでの戸籍が必要になります。過去に養子縁組をしていたり、認知した子がいないかなど、相続人の範囲を間違いなく特定するためです。ただし遺言で相続人が指定されている場合、提出するのは亡くなった人の死亡時の戸籍（除籍）謄本だけです。

■ できるだけ謄本を取得する

市区町村で取得できる戸籍には、**戸籍に記録されているすべての情報の写し（謄本）と、一部の写し（抄本）があります。謄本は全部事項証明書、抄本は個人事項証明書ともいいます。**

亡くなった人の戸籍は、記録されたすべての情報が必要なので戸籍謄本が必須です。相続人の戸籍は、その人の登記記録が確認できればよいので戸籍抄本でもかまいませんが、できれば相続人以外の情報もチェックできる謄本を取得しておきましょう。

ひとくちメモ	**連絡の取れない相続人**　相続人を調べた結果、連絡先や行方のわからない人がいる場合、遺産分割の合意を得ることができない。その扱いについては家庭裁判所に相談する。

注・本書では、原則として謄本の取得を優先して解説している。

相続登記で提出する可能性のある戸籍関係書類

亡くなった人（被相続人）のもの

戸籍（除籍）謄本	または	生まれてから亡くなるまでの戸籍謄本	戸籍の附票（→ 109 ページ）

- 亡くなってからのもの。
- 亡くなった事実と亡くなった日を証明する。
- 遺言による相続ならこの戸籍を提出する。

- 亡くなった事実と亡くなった日を証明する。
- すべての相続人をあきらかにする。多くの場合、複数の戸籍謄本が必要になる。

- 記載された住所により、亡くなった人が登記簿上の所有者であることを証明する。
- 住民票の除票でもよい。住民票の住所と登記簿上の住所が異なる場合は戸籍（除籍）の附票が必要。

相続人のもの

戸籍謄本（抄本）	戸籍の附票

- 相続人が生きていることを証明する。
- 遺言による相続なら、不動産を相続する相続人のものを提出する。
- 戸籍抄本でもよい。

- 相続人の住所を証明する。住民票でもよい。

今回の相続で必要になる戸籍とその通数を確認しましょう。

戸籍と戸籍のつながりをしっかり読み取る

戸籍にはいくつかの種類があり、1つの戸籍謄本だけですまないことも多い。戸籍を収集するには、その違いを理解しておくことが必要。

■ 戸籍は1つではない

戸籍は、その人の出生や死亡、結婚や離婚、親子関係などについて記録された公的な文書です。1組の夫婦とその子を1単位として、日本の国籍を持つすべての人につくられます。

ある人が生まれると、その父母の戸籍に子の出生が記録されます。その人にとって最初の戸籍です。その人が成長して結婚すると、その戸籍から出て(除籍)、新しく夫婦の戸籍がつくられることになります。また、戸籍に記録されている人が亡くなると、その戸籍から除籍されます。引っ越しなどにより、別の市区町村に本籍を変更する場合もあります(転籍)。**このように多くの人の戸籍は人生の変わり目などで、何度かつくり替えられています。**

■ 過去の戸籍も必要になる

また、戸籍には3つの種類があります。**1つは現在有効な「現在戸籍」です(→ 90 ページ)。2つめは、結婚や転籍、死亡などで記録された人がすべていなくなった戸籍である「除籍」です。3つめが、法律の改正などでつくり替えられる前の古い戸籍である「改製原戸籍」です(→ 91 ページ)。**除籍と改製原戸籍は本籍地の市区町村で保管され、請求により取得できます。

除籍などの情報は次の戸籍に引き継がれないため、亡くなった人の戸籍情報を確認するには、過去のこうした戸籍も調べる必要があります。

ひとくちメモ	**2度の大きな改製** 最近では、平成6年以降の戸籍の電子化による改製が行われた。それ以前には、昭和23年の戸籍法改正で、戸主制から夫婦単位による戸籍に改製された。

入手する戸籍には3つの種類がある

現在

「現在戸籍」

- 家族（夫婦と子）を１単位として、その生年月日や関係などが記載されている。

[入手する戸籍]
戸籍謄本（抄本）

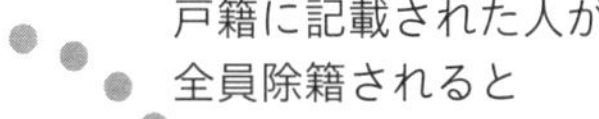

- 死亡や離婚、結婚などによって、戸籍から記載が除かれる（除籍）。
- 結婚や離婚などにより、新たな戸籍がつくられる。
- 本籍を別の市区町村に移すと、新たな戸籍がつくられる（転籍）。

「除籍」

- 結婚や死亡、転籍などで、記載されたすべての人が除かれて、効力のなくなった戸籍。
- 戸籍とは別に保管されている。

[入手する戸籍]
除籍謄本（抄本）

「改製原戸籍」

- 戸籍は、これまで何度かの法律の改正などでつくり替えられている（改製）。その改製前の古い戸籍。
- 改製時に新しい戸籍に引き継がれなかった情報（除籍した人など）を確認できる。

[入手する戸籍]
改製原戸籍謄本（抄本）

戸籍に記載された人が
全員除籍されると

注・除籍、改製原戸籍は150年保管される（平成22年以降）。

戸籍謄本（現在戸籍）の見方

※戸籍全部事項証明書の例。

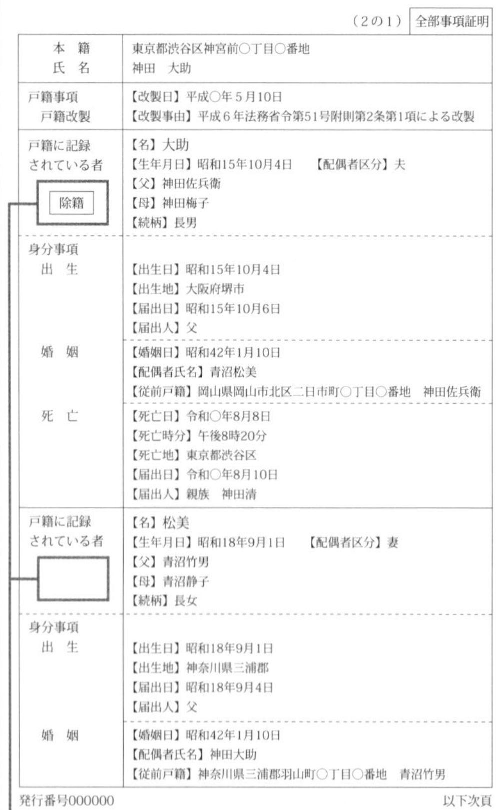

（2の1）　全部事項証明

本　籍 氏　名	東京都渋谷区神宮前○丁目○番地 神田　大助
戸籍事項 戸籍改製	【改製日】平成○年５月10日 【改製事由】平成６年法務省令第51号附則第2条第1項による改製
戸籍に記録されている者 除籍	【名】大助 【生年月日】昭和15年10月4日　【配偶者区分】夫 【父】神田佐兵衛 【母】神田梅子 【続柄】長男
身分事項 出　生	【出生日】昭和15年10月4日 【出生地】大阪府堺市 【届出日】昭和15年10月6日 【届出人】父
婚　姻	【婚姻日】昭和42年1月10日 【配偶者氏名】青沼松美 【従前戸籍】岡山県岡山市北区二日市町○丁目○番地　神田佐兵衛
死　亡	【死亡日】令和○年8月8日 【死亡時分】午後8時20分 【死亡地】東京都渋谷区 【届出日】令和○年8月10日 【届出人】親族　神田清
戸籍に記録されている者	【名】松美 【生年月日】昭和18年9月1日　【配偶者区分】妻 【父】青沼竹男 【母】青沼静子 【続柄】長女
身分事項 出　生	【出生日】昭和18年9月1日 【出生地】神奈川県三浦郡 【届出日】昭和18年9月4日 【届出人】父
婚　姻	【婚姻日】昭和42年1月10日 【配偶者氏名】神田大助 【従前戸籍】神奈川県三浦郡羽山町○丁目○番地　青沼竹男

発行番号000000　以下次頁

1 本籍欄

本籍と戸籍の筆頭者の氏名が記載されている。

2 戸籍事項欄

編製日（この戸籍がつくられた年月日）や改製日（法律の改正でつくり替えられた年月日）などが記載されている。

3 身分事項欄（筆頭者）

筆頭者について記載されている。名前、生年月日、父母の氏名、出生／結婚／離婚／養子縁組／死亡などの届出年月日や内容など。

4 身分事項欄（配偶者、子）

配偶者、次に子について記載されている。名前、生年月日、父母の氏名、出生／結婚／離婚／養子縁組／死亡などの届出年月日や内容など。

結婚や死亡などで戸籍から除かれた人は、ここに「除籍」と記載される。

POINT

除籍謄本では、記載されたすべての人に「除籍」と記載されている。

筆頭者とは戸籍の最初に記載される人です（結婚により姓をあらためなかったほう）。

改製原戸籍謄本の見方

※昭和23年式の改製原戸籍の例。これ以前の戸籍は「戸主制（こしゅ）」によるものとなり、体裁などはさらに多少異なる（→ 103 ページ）。

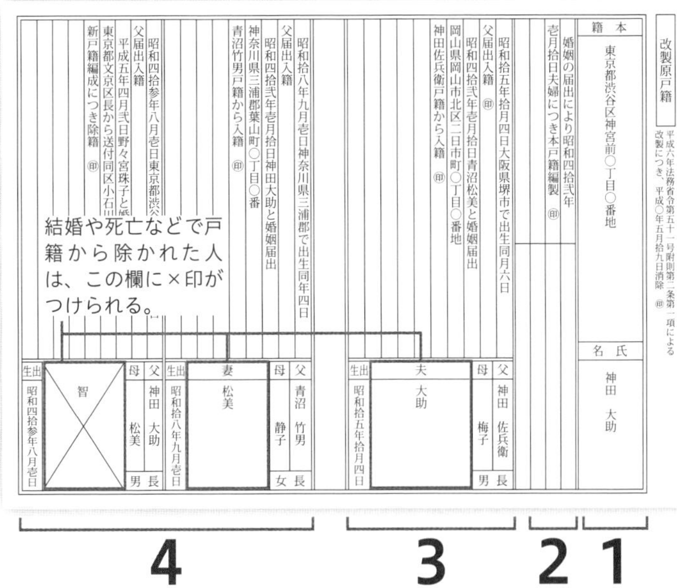

改製原戸籍

平成六年法務省令第五十一号附則第二条第一項による改製につき、平成○年五月拾九日消除 ㊞

本籍	東京都渋谷区神宮前○丁目○番地
氏名	神田 大助

婚姻の届出により昭和四拾弐年壱月拾日夫婦につき本戸籍編製 ㊞

昭和拾五年拾月四日大阪県堺市で出生同月六日父届出入籍 ㊞
昭和四拾弐年壱月拾日青沼松美と婚姻届出
岡山県岡山市北区二日市町○丁目○番地神田佐兵衛戸籍から入籍 ㊞

父	神田 佐兵衛	長男
母	梅子	
夫	大助	
出生	昭和拾五年拾月四日	

昭和拾八年九月壱日神奈川県三浦郡で出生同年四日父届出入籍
昭和四拾弐年壱月拾日神田大助と婚姻届出
神奈川県三浦郡葉山町○丁目○番
青沼竹男戸籍から入籍 ㊞

父	青沼 竹男	長女
母	静子	
妻	松美	
出生	昭和拾八年九月壱日	

昭和四拾参年八月壱日東京都渋谷…
父届出入籍
平成五年四月弐日野々宮珠子と婚…
東京都文京区長から送付同区小石川…
新戸籍編成につき除籍 ㊞

父	神田 大助	長男
母	松美	
智		
出生	昭和四拾参年八月壱日	

1 本籍欄

本籍と戸籍の筆頭者の氏名が記載されている。

2 戸籍事項欄

編製日（この戸籍がつくられた年月日）や改製日（法律の改正でつくり替えられた年月日）などが記載されている。

3 身分事項欄（筆頭者）

筆頭者について記載されている。父母の氏名、名前、出生日（生年月日）、出生／結婚／離婚／養子縁組／死亡などの届出年月日や内容など。

4 身分事項欄（配偶者、子）

配偶者、次に子について記載されている。父母の氏名、名前、出生日（生年月日）、出生／結婚／離婚／養子縁組／死亡などの届出年月日や内容など。

注意

年月日の漢数字は難しいものが使われている。
例　一→壱　二→弐　三→参
　　十→拾　二十→弐拾、廿
　　三十→参拾、卅など。

本籍のある市区町村役場に請求する（原則）

戸籍謄本は、原則として本籍地の市区町村役場で取得する。令和６年３月からの広域交付制度も確認しよう。

■ さまざまな取得方法がある

戸籍謄本は、原則として対象者の本籍のある市区町村役場で、交付請求書の提出により取得します。**請求できるのは、戸籍に記載されている本人またはその配偶者、その父母や祖父母、子、孫（直系血族）です。**そのほかの人が取得する場合は、上記の人の委任状が必要です＊。

市区町村によっては、マイナンバーを利用して最寄りのコンビニのマルチコピー機（専用端末）から取得することもできます。スマホから交付請求ができる場合もあります。市区町村のホームページなどで調べてみましょう。

本籍のある市区町村役場が遠方の場合など、郵送による請求もできます（→ 95 ページ）。具体的な郵送請求の方法については、その市区町村のホームページなどで確認してください。

■ 広域交付制度で取得が便利になる

令和６年３月から、本人などが窓口やオンラインで請求する場合、全国の戸籍謄本を最寄りの市区町村役場で取得できるようになりました（広域交付制度→ 94 ページ）。ただし、郵送や代理人による請求はできません。また、取得できるのは電子化以降の戸籍謄本です。

戸籍謄本を取得するときは、その市区町村役場で住民票や印鑑証明書など、ほかの必要書類も一緒に取得すると効率的です。

ひとくちメモ　**亡くなった人の戸籍の取得のコツ**　必要な戸籍の内容や数などがわからない場合、交付請求書で戸籍、除籍、改製原戸籍すべてにチェックする（謄本）。「各１通」などとしておく。

＊亡くなった人の戸籍は、そのほかの相続人（兄弟姉妹など）も請求できる。

戸籍謄本等交付請求書の例

※文書名や書式は市区町村により異なる。例は東京都練馬区（「戸籍に関する証明書の請求書」）。

請求年月日を記入する。

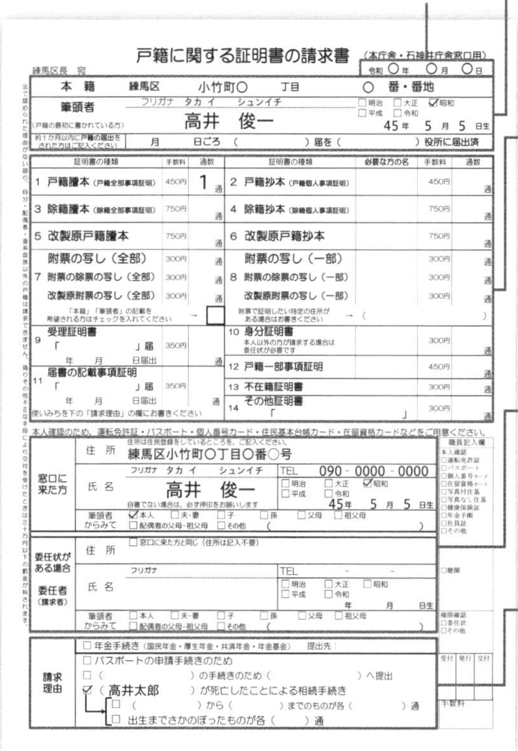

戸籍に関する証明書の請求書 （本庁舎・石神井庁舎窓口用）

練馬区長　宛　　令和 ○年 ○月 ○日

法で認められた理由がない限り、自分・配偶者・直系血族以外の戸籍は請求できません。偽りその他不正な手段により交付を受けたときは三十万円以下の罰金が科されます。

本　籍	練馬区　小竹町○　丁目　○　番・番地
筆頭者（戸籍の最初に書かれている方）	フリガナ タカ イ　シュンイチ 高井　俊一 □明治 □大正 ☑昭和 □平成 □令和　45年 5月 5日生
約1か月以内に戸籍の届出をされた方はご記入ください	月　日ごろ（　）届を（　）役所に届出済

証明書の種類	手数料	通数	証明書の種類	必要な方の名	手数料	通数
1 戸籍謄本（戸籍全部事項証明）	450円	1 通	2 戸籍抄本（戸籍個人事項証明）		450円	通
3 除籍謄本（除籍全部事項証明）	750円	通	4 除籍抄本（除籍個人事項証明）		750円	通
5 改製原戸籍謄本	750円	通	6 改製原戸籍抄本		750円	通
7 附票の写し（全部）	300円	通	8 附票の写し（一部）		300円	通
附票の除票の写し（全部）	300円	通	附票の除票の写し（一部）		300円	通
改製原附票の写し（全部）	300円	通	改製原附票の写し（一部）		300円	通
「本籍」「筆頭者」の記載を希望される方はチェックを入れてください → □			附票で証明したい特定の住所がある場合はお書きください →（　）			
9 受理証明書「　」届　年　月　日届出	350円	通	10 身分証明書 本人以外の方が請求する場合は委任状が必要です		300円	通
11 届書の記載事項証明「　」届　年　月　日届出	350円	通	12 戸籍一部事項証明		450円	通
使いみちを下の「請求理由」の欄にお書きください			13 不在籍証明書		300円	通
			14 その他証明書「　」		300円	通

本人確認のため、運転免許証・パスポート・個人番号カード・住民基本台帳カード・在留資格カードなどをご用意ください。

窓口に来た方		
住　所	住所は住民登録をしているところを、ご記入ください。 練馬区小竹町○丁目○番○号	
氏　名	フリガナ タカ イ　シュンイチ 高井　俊一 自署でない場合は、必ず押印をお願いします	TEL 090 - 0000 - 0000 □明治 □大正 ☑昭和 □平成 □令和　45年 5月 5日生
筆頭者からみて	☑本人 □夫・妻 □子 □孫 □父母 □祖父母 □配偶者の父母・祖父母 □その他（　）	

委任状がある場合　委任者（請求者）		
住　所	□窓口に来た方と同じ（住所は記入不要）	
氏　名	フリガナ	TEL　-　- □明治 □大正 □昭和 □平成 □令和　年　月　日生
筆頭者からみて	□本人 □夫・妻 □子 □孫 □父母 □祖父母 □配偶者の父母・祖父母 □その他（　）	

職員記入欄　本人確認 □運転免許証 □パスポート □個人番号カード □在留資格カード □写真付住基 □写真なし住基 □健康保険証 □年金手帳 □社員証 □その他　□聴聞　権限確認 □委任状 □その他　受付 発行 交付　手数料

請求理由
- □ 年金手続き（国民年金・厚生年金・共済年金・年金基金）　提出先：
- □ パスポートの申請手続きのため
- □（　）の手続きのため（　）へ提出
- ☑（高井太郎）が死亡したことによる相続手続き
  - □（　）から（　）までのものが各（　）通
  - □ 出生までさかのぼったものが各（　）通

1 本籍や筆頭者を記入する

本籍、戸籍の筆頭者氏名、その生年月日など。

2 必要な戸籍を記入する

戸籍か除籍か改製原戸籍か、謄本か抄本かなど。

- それぞれ必要な通数を記入する。
- 亡くなった人の戸籍請求は、「謄本」欄すべてに○をして「各1通」とする。

3 請求する人について記入する

請求者の住所、氏名、生年月日、電話番号、請求する戸籍の筆頭者との関係など。

4 戸籍が必要な理由を記入する

相続による請求であること、相続登記に使用することなど。

- 亡くなった人の戸籍請求は、「死亡時のもの」か「出生から死亡まで」のものかを記入する。

誰が	戸籍に記載のある人（本人）、配偶者、父母や子など、代理人。 ・亡くなった人の戸籍請求は、上記以外の相続人も可。	必要書類	□ 請求する人の本人確認書類 ・運転免許証、マイナンバーカードなど（顔写真のあるもの）。 □（亡くなった人の戸籍請求）亡くなった人との関係がわかる戸籍謄本など ・請求する戸籍に記載がある人は不要。 □（代理人に依頼する場合）委任状
どこへ	本籍のある市区町村役場（原則）		
いくら	戸籍謄本…1通 450円など 除籍謄本、改製原戸籍謄本…1通 750円など		

広域交付制度を利用する

令和６年３月から戸籍取得負担の軽減のため、最寄りの市区町村役場への請求で、全国の戸籍謄本をまとめて取得できるようになりました。

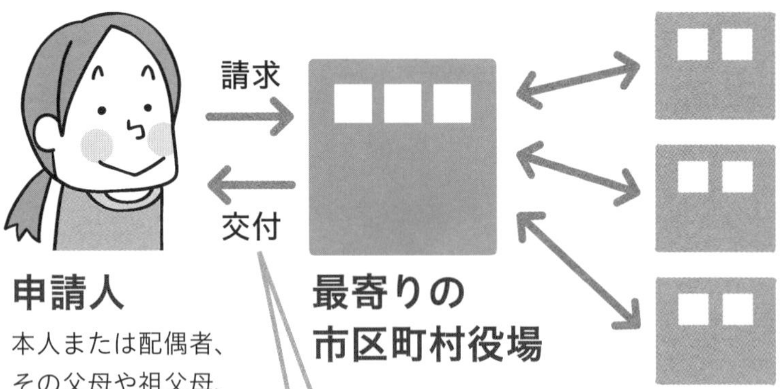

全国にある必要な戸籍謄本を、まとめて取得できる。

全国の市区町村役場

３つの注意点

1. 郵送や代理人による請求はできない。
2. 電子化以前の戸籍謄本（除籍謄本や改製原戸籍謄本など）は取得できない。
3. 戸籍抄本（個人事項証明書など）は取得できない。

広域交付制度の戸籍請求書の例

※文書名や書式などは市区町村により異なる。例は東京都中央区（「戸籍に関する証明書交付請求書」）。

請求する戸籍謄本の範囲や、その本籍、筆頭者の氏名、生年月日などを記入する。

- 窓口で請求する戸籍謄本について職員の確認を受けることになる。
- 確認などに時間がかかり、その場では受け取れないこともある（後日窓口に行って受け取る）。

必要書類	□ 顔写真つきの本人確認書類（運転免許証、マイナンバーカードなど）

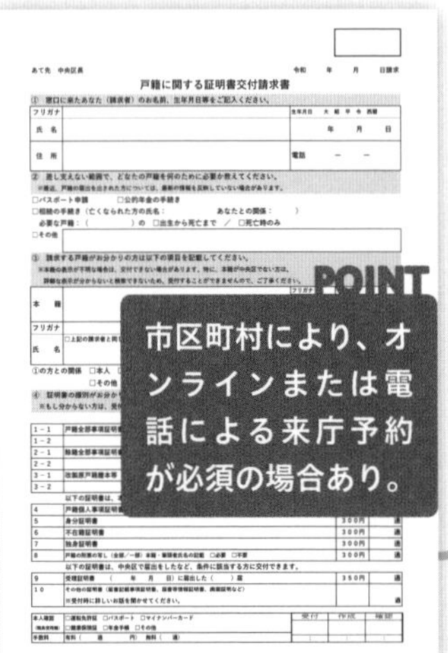
あて先　中央区長　令和　年　月　日請求

戸籍に関する証明書交付請求書

① 窓口に来たあなた（請求者）のお名前、生年月日等をご記入ください。

フリガナ / 氏名 / 住所 / 生年月日 / 電話

② 差し支えない範囲で、どなたの戸籍を何のために必要か教えてください。

□パスポート申請　□公的年金の手続き
□相続の手続き（亡くなられた方の氏名：　あなたとの関係：　）
必要な戸籍：（　）の　□出生から死亡まで　／　□死亡時のみ
□その他

③ 請求する戸籍がお分かりの方は以下の項目を記載してください。

本籍 / フリガナ / 氏名

①の方との関係　□本人　□その他

④ 証明書の種別がお分かり…

5	身分証明書	300円	通
6	不在籍証明書	300円	通
7	独身証明書	300円	通

POINT
市区町村により、オンラインまたは電話による来庁予約が必須の場合あり。

郵送請求を利用する

郵送用の戸籍謄本等交付請求書と必要書類、返信用封筒などを送付することで、その市区町村にある戸籍謄本などを取得できます。

※文書名や書式は市区町村により異なる。例は東京都練馬区（「戸籍に関する証明書の請求書（郵送請求用）」）。

戸籍に関する証明書の請求書　（郵送請求用）

令和　年　月　日

本籍	丁目	番・番地
筆頭者（戸籍の最初に書かれている方）	フリガナ	□明治 □大正 □昭和 □平成 □令和　年　月　日生
約1か月以内に戸籍の届出をされた方はご記入ください	月　日ごろ（　）届を（　）役所に届出済	

証明書の種類	手数料	通数	証明書の種類	必要な方の名	手数料	通数
1 戸籍謄本（戸籍全部事項証明）	450円	通	2 戸籍抄本（戸籍個人事項証明）		450円	通
3 除籍謄本（除籍全部事項証明）	750円	通	4 除籍抄本（除籍個人事項証明）		750円	通
5 改製原戸籍謄本	750円	通	6 改製原戸籍抄本		750円	通
7 附票の写し（全部）	※300円	通	8 附票の写し（一部）		※300円	通
附票の除票の写し（全部）	※300円	通	附票の除票の写し（一部）		※300円	通
改製原附票の写し（全部）	※300円	通	改製原附票の写し（一部）		※300円	通
「本籍」「筆頭者」の記載を希望される方はチェックを入れてください → □			附票で証明したい特定の住所がある場合はお書きください →（　）			
9 受理証明書「　」届	350円		10 身分証明書 本人以外の方が請求する場合は委任状が必要です		※300円	通

「郵送請求」用のものを使う。記入する内容は通常の交付請求書とほぼ同じ。

- 書式は、その市区町村役場のホームページからダウンロードする。
- 戸籍の枚数などがわからない場合、返信用封筒はA4サイズの封筒など、余裕のある大きさにする。
- 封筒の表には「戸籍謄本等交付申請書在中」と記載する。

同封する必要書類	
□ 請求する人の本人確認書類 ・運転免許証やマイナンバーカードのコピー（顔写真のあるもの）。 □ 戸籍謄本などのコピー ・（亡くなった人の戸籍請求）亡くなった人との関係がわかる戸籍謄本など。	□ 必要額の切手を貼った返信用封筒 □ 手数料分の定額小為替 □ （代理人に依頼する場合）委任状

定額小為替

郵送による手数料支払い方法の1つ。郵便局で発行してもらう。

株式会社ゆうちょ銀行　定額小為替証書　定額小為替払渡票

指定受取人 おなまえ　様　500円　500円

上記の金額を受け取りました。（上記の金額をお受け取りになる方が記名・押印してください）

おところ　おなまえ　㊞

払渡日附印　発行日附印

この証書は機械で処理しますので、折り曲げたり、汚したりしないでください。

- 50円、300円、500円、750円、1000円などの種類がある。戸籍の枚数などがわからない場合、やや多めの金額にする。
- 発行に1枚200円の手数料がかかる。
- 券面には何も書かずにそのまま同封する。

相続人の最新の戸籍が必要になる

不動産を取得する相続人は自身の最新の戸籍を取得する。この戸籍により相続人がいること（生存していること）を証明する。

■ 相続人としての資格を証明する

相続人は、相続人としての権利があること（確かに生きていること）の証明が必要です。そこで、相続人自身の戸籍謄本（または抄本）を提出します。遺産分割協議や法定相続による相続なら相続人全員の分が必要です。遺言による相続なら、不動産を取得する相続人の分を提出します。

亡くなった人の戸籍に記載されている相続人は、その戸籍謄本でその相続人の情報がわかるため、あらためて戸籍を取得する必要はありません。なお、相続人であることは、亡くなった人の生まれてから亡くなるまでの戸籍謄本で確認されます（→ 98 ページ）。

取得方法は 92 ～ 95 ページを参照してください。**最新のものが必要になるため、必ず相続開始後に取得します。**本籍がわからない場合は、本籍記載の住民票などで確認できます。

■ 代襲相続なら必要な戸籍が増える

本来の相続人（子や兄弟姉妹）が既に亡くなっている場合、相続人の子（被相続人から見て、孫やおい・めい）が相続人となります（代襲（だいしゅう）相続→ 42 ページ）。代襲相続では、亡くなった本来の相続人についても、生まれてから亡くなるまでの戸籍謄本が必要になります。ほかに代襲相続の権利を持つ人がいないことを証明するためです。

ひとくちメモ　**戸籍の附票は必要？**　住民票を取得していれば戸籍の附票は不要だが、106 ページのようなケースでは必要になる。戸籍謄本と一緒に請求して取得すると手間が少なくすむ。

相続人の戸籍謄本はここを見る

（2の1）　全部事項証明

本　籍 氏　名	東京都練馬区小竹町○丁目○番 高井　俊一
戸籍事項 戸籍改製	【改製日】平成12年2月14日
戸籍に記録されている者	【名】俊一 【生年月日】昭和45年5月5日　【配偶者区分】夫 【父】高井太郎 【母】高井紀子 【続柄】長男
身分事項 出　生	【出生日】昭和45年5月5日 【出生地】東京都世田谷区 【届出日】昭和45年5月7日 【届出人】父
婚　姻	【婚姻日】平成12年2月14日 【配偶者氏名】津本薫 【従前戸籍】東京都世田谷区若林○丁目○番　高井太郎
戸籍に記録されている者	【名】薫 【生年月日】昭和45年6月15日　【配偶者区分】妻 【父】津本昭 【母】津本恵子 【続柄】二女
身分事項 出　生	【出生日】昭和45年6月15日 【出生地】千葉県松戸市 【届出日】昭和45年6月17日 【届出人】父
婚　姻	【婚姻日】平成12年2月14日 【配偶者氏名】高井俊一 【従前戸籍】千葉県松戸市松戸○丁目○番　津本昭

発行番号000000　　　　以下次頁

この記載により、その相続人の生存が確認できる（死亡の記載がない）。

遺言による相続以外は相続人全員の分が必要

それぞれの相続人が、本籍地などの市区町村役場で取得する（→92ページ）。

- 遺言による相続なら、不動産を取得する相続人のものを提出する。
- 同じ戸籍に記載されている相続人は、その1通の取得でよい。

POINT

亡くなった人の戸籍謄本に記載のある相続人は、あらためて取得する必要はない。

取得確認リスト

相続人の氏名	取得年月日	相続人の氏名	取得年月日
□		□	
□		□	
□		□	
□		□	

亡くなった人の戸籍は出生までさかのぼって集める

亡くなった人の戸籍は、亡くなった事実を証明する戸籍だけでなく、その相続人の範囲を証明する戸籍も必要になる。

■ 過去の本籍地から戸籍を取得する

亡くなった人の戸籍は、現在の戸籍謄本で亡くなった事実（相続開始）を証明します。さらに遺言による相続以外では、**ほかに相続人がいないことを証明するために、生まれてから亡くなるまでの戸籍が必要になります。**

亡くなった人の戸籍を取得できるのは、配偶者、父母、子など（直系血族（けつぞく））、その他の相続人です。それ以外の人に依頼する場合は委任状が必要です。

■ さかのぼった戸籍の確認も重要

戸籍は次のように取得していきます。最初に亡くなった人の本籍のある市区町村役場などで、死亡の記載のある戸籍謄本（戸籍にほかの人がいない場合は除籍謄本）を取得します。

取得した戸籍謄本の記載内容から、その戸籍への入籍日（戸籍に入った日）や１つ前の戸籍（従前（じゅうぜん）戸籍）の本籍地を確認して、その市区町村役場に戸籍謄本（または除籍謄本や改製原戸籍謄本など）を請求します。これを繰り返し、過去の戸籍へさかのぼっていきます。出生による入籍である戸籍を取得すれば、それより前の戸籍は必要ありません。

抜けている期間がないか（戸籍が連続しているか）、十分注意しましょう。**すべての戸籍について、亡くなった人の家族関係や、婚姻、子の認知、養子縁組など相続人にかかわる情報をしっかり確認します。**

ひとくちメモ	**判読不能への対処**　手書きの古い戸籍の手書き文字がどうしても判読できないというときは、取り寄せた市区町村の担当窓口に問い合わせるとわかる場合もある。

戸籍をさかのぼって取得する手順

亡くなった日

戸籍謄本

❶ 亡くなったときの戸籍謄本を取得する

亡くなった人の本籍のある市区町村役場で取得する

- 住所地の市区町村役場とは限らない。
- 本籍がわからない場合は、住民票の除票などで調べる。

POINT

広域交付制度により、本籍地以外の市区町村役場でも取得できる。

❷ 戸籍の内容を確認する

亡くなった人の出生日より後につくられた戸籍であれば、それ以前の戸籍がある。

- 戸籍がつくられた日（編製日、改製日、転籍日など）、閉じられた日（除籍日、消除日など）を確認する。
- 亡くなった人がその戸籍に入籍した日、除籍した日などを確認する。

改製原戸籍謄本、除籍謄本など

▼

改製原戸籍謄本、除籍謄本など

❸ 過去の戸籍謄本を取得する

以前の本籍のある市区町村役場に請求する。請求にはその戸籍の筆頭者の記載が必要。

- 遠方なら郵便などで請求する。
- 取得した戸籍は連続していることを確認する。

❹ 出生日より前につくられた戸籍にいたるまで、❷～❸を繰り返す。

生まれた日

戸籍請求の際は、「相続で使用するため、○○○○（氏名）のすべての戸籍謄本が必要であること」を伝える（郵送ならその旨を記載する）とよいでしょう。

亡くなった人の戸籍のさかのぼり例

令和〇年6月30日に亡くなった高井太郎（妻・高井紀子）の、
出生から亡くなったときまでの戸籍を取得する場合。

亡くなったときの戸籍謄本を取得する（戸籍A）

（戸籍謄本・平成〇年10月19日～令和〇年6月30日）

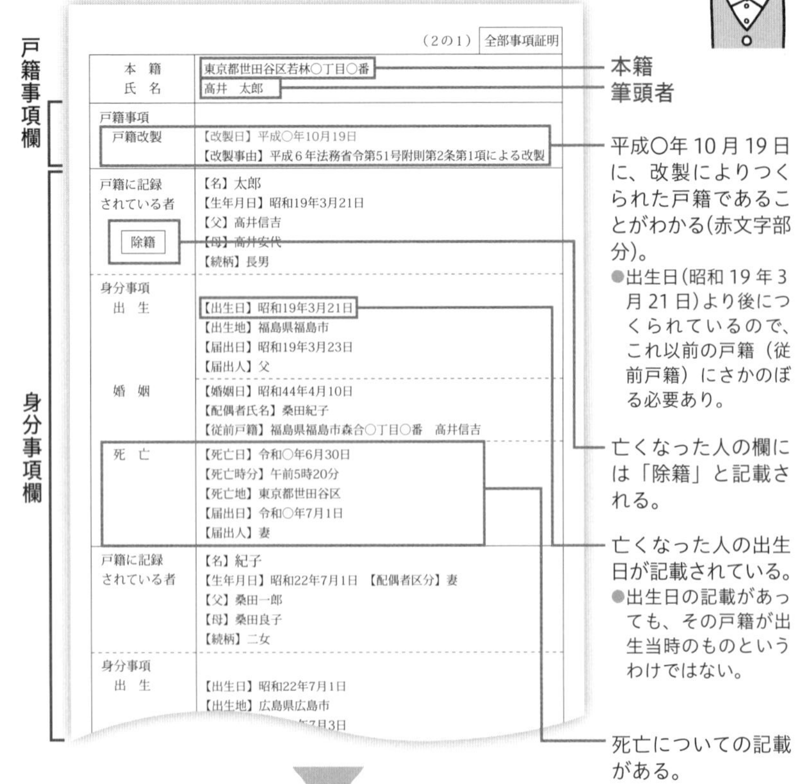

（2の1）　全部事項証明

本　籍	東京都世田谷区若林〇丁目〇番
氏　名	高井　太郎
戸籍事項 戸籍改製	【改製日】平成〇年10月19日 【改製事由】平成6年法務省令第51号附則第2条第1項による改製
戸籍に記録されている者 除籍	【名】太郎 【生年月日】昭和19年3月21日 【父】高井信吉 【母】高井安代 【続柄】長男
身分事項 出　生	【出生日】昭和19年3月21日 【出生地】福島県福島市 【届出日】昭和19年3月23日 【届出人】父
婚　姻	【婚姻日】昭和44年4月10日 【配偶者氏名】桑田紀子 【従前戸籍】福島県福島市森合〇丁目〇番　高井信吉
死　亡	【死亡日】令和〇年6月30日 【死亡時分】午前5時20分 【死亡地】東京都世田谷区 【届出日】令和〇年7月1日 【届出人】妻
戸籍に記録されている者	【名】紀子 【生年月日】昭和22年7月1日　【配偶者区分】妻 【父】桑田一郎 【母】桑田良子 【続柄】二女
身分事項 出　生	【出生日】昭和22年7月1日 【出生地】広島県広島市 …年7月3日

この戸籍の1つ前の戸籍（改製原戸籍謄本）を、その本籍のある市区町村役場に請求する。

・改製によるつくり替えでは本籍や筆頭者は変わらないため、例ではこの戸籍謄本を発行した市区町村役場に請求する（最初の請求時にまとめて発行してもらうこともできる）。

改製前の戸籍謄本を取得する（戸籍 B）

（改製原戸籍謄本・昭和 44 年 4 月 10 日～平成〇年 10 月 19 日）

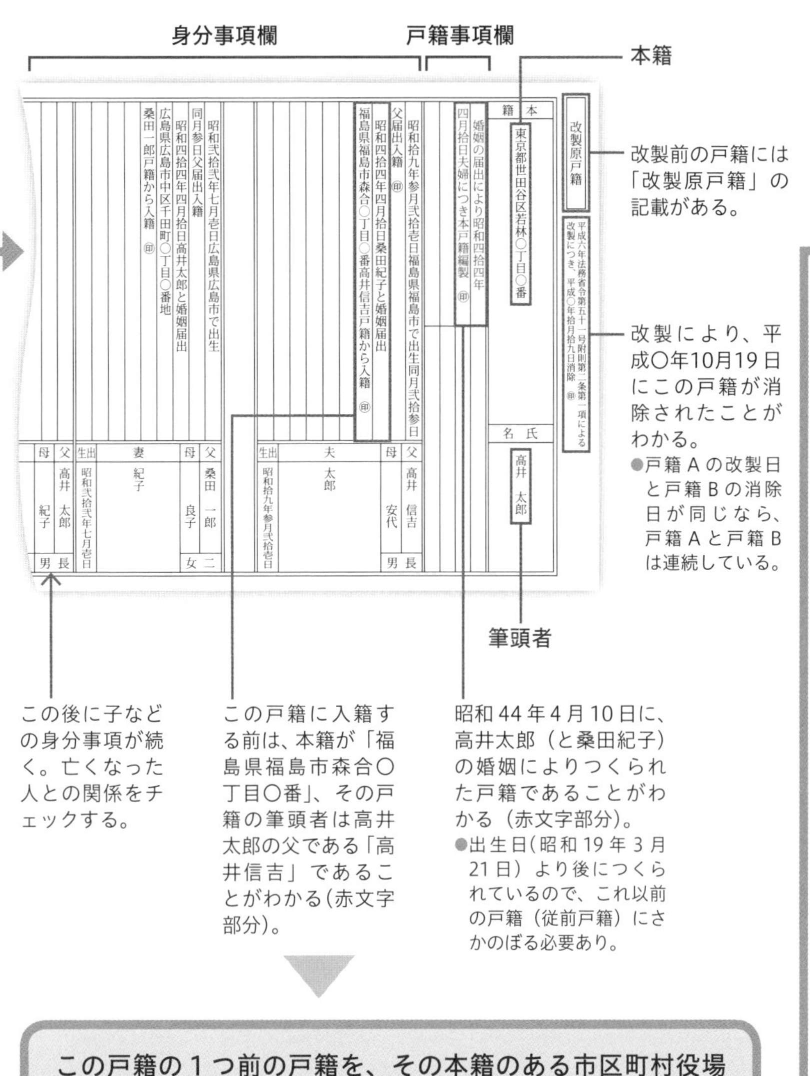

この戸籍の 1 つ前の戸籍を、その本籍のある市区町村役場に請求する。

・1 つ前の戸籍の筆頭者は高井信吉。本籍は福島県福島市森合〇丁目〇番。

次ページへ

結婚前の戸籍謄本を取得する（戸籍 C）

（除籍謄本・昭和 33 年 9 月 15 日～昭和 44 年 4 月 10 日）

すべての人が除籍した戸籍には「除籍」の記載がある。

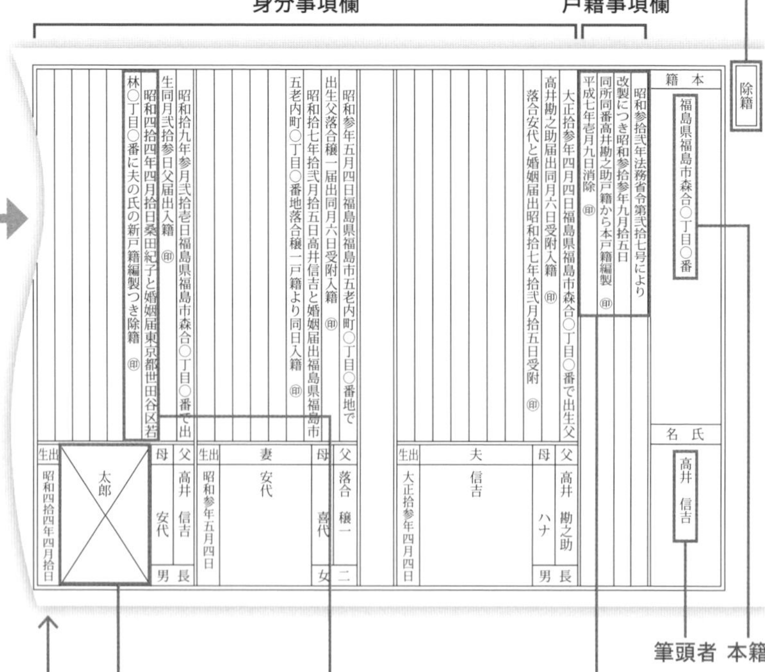

戸籍の身分事項欄に記載されている人と亡くなった人の関係をチェックする。

除籍した人の欄には×印がつけられる。

昭和 44 年 4 月 10 日に、婚姻により太郎が除籍したことがわかる（赤字部分）。

- 戸籍 B の編製日と戸籍 C の太郎の除籍日が同じなら、戸籍 B と戸籍 C は連続している。

太郎の父母の戸籍で、昭和 33 年 9 月 15 日に改製によりつくられた戸籍であることがわかる（赤文字部分）。

- 出生日（昭和 19 年 3 月 21 日）より後につくられているので、これ以前の戸籍（従前戸籍）にさかのぼる必要あり。

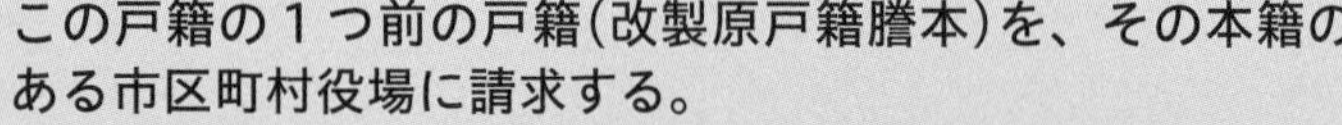

この戸籍の 1 つ前の戸籍（改製原戸籍謄本）を、その本籍のある市区町村役場に請求する。

・改製によるつくり替えでは本籍や筆頭者は変わらないため、例ではこの戸籍謄本を発行した市区町村役場に請求する（最初の請求時にまとめて発行してもらうこともできる）。

改製前の戸籍謄本を取得する（戸籍 D）

（改製原戸籍謄本・昭和 19 年 3 月 21 日〈出生〉～昭和 33 年 9 月 15 日）

改製前の戸籍には「改製原戸籍」の記載がある。

この頃の戸籍は「戸主制」により、家単位でつくられている。そのため、夫婦や子以外の親族も記載されている。

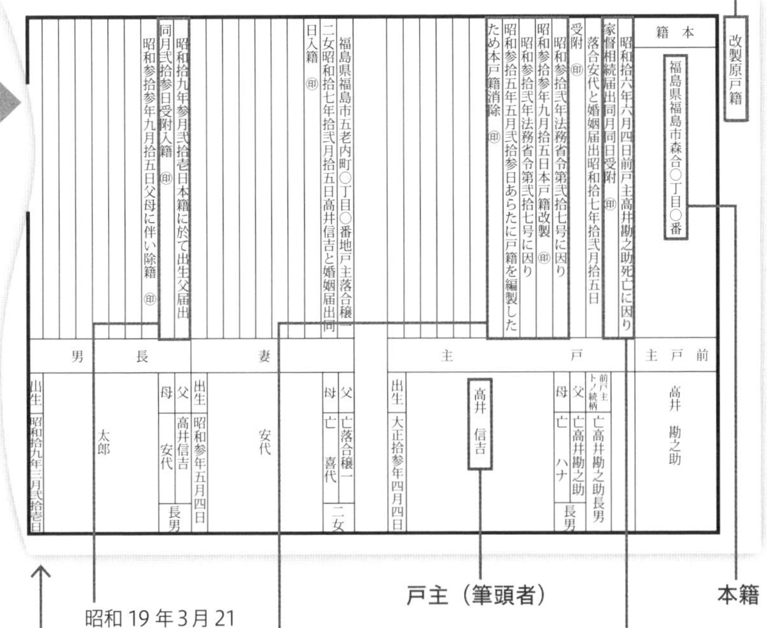

改製原戸籍

本籍　福島県福島市森合○丁目○番

昭和拾六年六月四日前戸主高井勘之助死亡に因り
家督相続届出同月同日受附 ㊞
落合安代と婚姻届出昭和拾七年拾弐月拾五日
受附 ㊞
昭和参拾弐年法務省令第弐拾七号に因り
昭和参拾参年九月拾五日本戸籍改製 ㊞
昭和参拾弐年法務省令第弐拾七号に因り
昭和参拾五年五月弐拾参日あらたに戸籍を編製した
ため本戸籍消除 ㊞

福島県福島市五老内町○丁目○番地戸主落合穣一
二女昭和拾七年拾弐月拾五日高井信吉と婚姻届出同
日入籍 ㊞

昭和拾九年参月弐拾壱日本籍に於て出生父届出
同月弐拾参日受附入籍 ㊞
昭和参拾参年九月拾五日父母に伴い除籍 ㊞

前戸主	戸主	妻	長男
高井 勘之助	前戸主ト続柄 亡高井勘之助長男 父 亡高井勘之助 母 亡ハナ 長男 高井 信吉 出生 大正拾参年四月四日	父 亡落合穣一 母 亡喜代 二女 安代 出生 昭和参年五月四日	父 高井信吉 母 安代 長男 太郎 出生 昭和拾九年三月弐拾壱日

戸主（筆頭者）

本籍

昭和 19 年 3 月 21 日に太郎が出生したことが記載されている（赤文字部分）。

戸籍に記載されている人と亡くなった人（太郎）の関係をチェックする。

昭和 33 年 9 月 15 日に改製され、この戸籍が消除されたことがわかる（赤文字部分）。

- 戸籍 C の編製日と戸籍 D の消除日が同じなら、戸籍 C と戸籍 D は連続している。

昭和 16 年 6 月 4 日に、高井勘之助から高井信吉への家督相続によりつくられた戸籍であることがわかる（赤文字部分）。

- 出生日（昭和 19 年 3 月 21 日）より前につくられているので、これ以前の戸籍はない。

この戸籍が太郎の出生時の戸籍であるため、これより前にさかのぼる必要はない。

戸籍がつながった！次はしっかり内容を読み解かないとね。

「戸籍のさかのぼり」チェックシート

さかのぼって戸籍を取得していく際、ポイントを記録して整理しておくと、もれなどを防ぐことができます。相続人の情報の把握にも役立ちます。

通し番号	戸籍の種類（いずれかに○）	本籍	筆頭者（または戸主）	戸籍がつくられた日（編製日、改製日、転籍日）
1	戸籍謄本（○） 改製原戸籍謄本 除籍謄本			
2	戸籍謄本 改製原戸籍謄本 除籍謄本			
3	戸籍謄本 改製原戸籍謄本 除籍謄本			
4	戸籍謄本 改製原戸籍謄本 除籍謄本			
5	戸籍謄本 改製原戸籍謄本 除籍謄本			
6	戸籍謄本 改製原戸籍謄本 除籍謄本			

亡くなったときの戸籍謄本から順番に
下へ書いていきましょう。
もっと多くの戸籍が必要になることもあります。

	亡くなった人の入籍日	亡くなった人の除籍日、戸籍の消除日	家族関係や相続人に関する記載など

パート4 相続登記の必要書類をそろえよう

不動産の相続にかかわる人のものをそろえる

相続登記では、亡くなった人の住民票と不動産を取得した相続人の住民票を取得する。戸籍の附票に代えることもできる。

■亡くなった人の住民票は「除票」

相続登記では、亡くなった人の住民票と不動産を取得した相続人の住民票を提出します。住民票により、その人が確かにその住所に住んでいる（住んでいた）ことを証明します。取得先は、住所地の市区町村役場です。

相続人の住民票は、「本籍記載のもの」で、「マイナンバーの記載のないもの」を、被相続人が亡くなった後に取得します。法定相続による相続では、相続人全員が不動産の権利を持つため全員分が必要です。提出した住民票の住所が登記簿に記録されます。

亡くなった人の住民票は「除票」を取得します。死亡により住民登録が抹消された住民票です。本籍の記載があるものを取得します。**相続の開始（亡くなったこと）と、登記簿上の所有者と亡くなった人が同じ人であることを証明します（本籍の記載から、戸籍と登記事項証明書のつながりがわかる）。**

■戸籍の附票でもよい

住民票の代わりに、戸籍（除籍）の附票を提出してもかまいません。戸籍の附票は、その本籍地での住所の履歴が記録された戸籍書類です。引っ越しなどにより、登記簿上の住所（不動産取得時の住所）と住民票の住所（亡くなったときの住所）が一致しない場合は、住民票でなく戸籍の附票が必要です。取得方法は戸籍謄本と同じです（→ 92 ページ）。

ひとくちメモ	**住民票コード**　住民票に記載された 11 ケタの番号。この番号の記載により住民票の提出を省略できるが、住民票コードを知るには、やはり住民票の取得が必要になる。

住民票交付請求書の例

※文書名や書式は市区町村により異なる。例は東京都練馬区（「住民票等の請求・申出書」）。

請求年月日を記入する。

住民票の写し等交付申請書
(Application Form for Certificate of Residence)

練馬区長殿　　申請日　令和○年　○月　○日

① どなたのものが必要ですか。(Whose certificate do you need?)

フリガナ　タカイ　シュンイチ
氏名 (Name)　高井　俊一
申請者本人の場合は、自署または記名押印願います。
生年月日 (Birthdate)　明治 大正 昭和 平成 令和 西暦　45年 (Year)　5月 (Month)　5日 (Day)
住所 (Address)　練馬区　小竹町○　丁目　○　番　○　号
(建物名と部屋番号)　TEL 0000-0000 (自宅・携帯)

② 何が必要ですか(○をつけてください。)。
ア 住民票（除票）の写し　イ 記載事項証明書　ウ 不在住証明書　　外国人住民項目 裏面記入(あり・なし)

④ 特別事項(Extra Info)
※ 外国人住民がいる世帯の方は裏面も参照し選択してください。
(Please do not forget to fill out ④ on the reverse side, unless in need of a copy for Japanese.)

③ 何通必要ですか。(How many copies?)

個人のもの (Individual record)	1 通 (copies)	世帯主・続柄	のせる	のせない
世帯全員のもの (All members of the household)	通 (copies)	本籍・筆頭者	のせる	のせない
		マイナンバー（個人番号）	記載希望の方は、下段⑥エ請求理由の「マイナンバー（個人番号）」欄に請求理由・提出先等をお書きください。	

⑤ 窓口にいらした方はどなたですか(代理人の方は委任状が必要です。同じ世帯の方は不要です。)。
ア 上記①の本人　(上記①とちがう場合は、お書きください。) 現住所
イ 上記①以外の方　フリガナ　氏名 (自署または記名押印願います)　生年月日 明治 大正 昭和 平成 令和 西暦　年　月　日　下記⑥（使う方）との関係
□ 上記①と同じ　□ 上記①以外（下記にお書きください。）
住所　TEL (自宅・携帯)

⑥ お使いになる方はどなたですか。(同一世帯・別世帯)
ア 上記①の本人　イ 上記①と同じ世帯の方　氏名
ウ その他の方　氏名 ※ 請求者が法人の場合は社印が必要です。　印　上記①(必要な方)との関係
住所　TEL (自宅・携帯)
エ 請求理由
□ 公的年金の手続き〔(国民・厚生・共済)年金〕提出先:
〔(国民・厚生)年金基金〕提出先:
□ マイナンバー(個人番号)　請求理由・提出先等:
使う方が別世帯の方の場合は、下記に請求理由・使用目的・提出先等を具体的にお書きください。
相続登記

受付　作成　確認　通　円　一点　免 住B　個 バ　在 特永　障 官　二点　健 介　後 生　年 社員　キ 診　聴闘×（　）
現　除・個　全　履　通　カナ　住コ　個番

※ 窓口で本人確認書類をご提示ください(マイナンバーカード、運転免許証、日本旅券、在留カード等1点もしくは、保険証等2点)。不正請求防止のため、本人確認書類の記載内容について発行元に問い合わせをする場合があります。

※ 偽り、その他不正手段により交付を受けたときは、住民基本台帳法等の規定により罰せられます。

1 必要な住民票について記入する

誰の住民票が必要か、住民票か除票か、何通必要かなど。

- 本籍は「のせる」に○をする。マイナンバーの記載は不要。

POINT
必要なのは相続人または被相続人のもの。世帯全員のものでなくてよい。

2 請求する人について記入する

- 本人（相続人）または同じ世帯の人以外なら委任状が必要。

請求理由を記入する場合は「相続登記」とする。

誰が	本人または同じ世帯の人、相続人、代理人	必要書類	□ 請求する人の本人確認書類 ・運転免許証、マイナンバーカードなど。 □（亡くなった人の住民票の除票請求）亡くなった人との関係がわかる戸籍謄本など。 □（郵送の場合）必要額の切手を貼った返信用封筒、手数料分の定額小為替など □（代理人に依頼する場合）委任状
どこへ	住所地の市区町村役場 ・亡くなった人の住民票の除票は最後の住所地。郵送も可＊。		
いくら	1通300円など		

＊マイナンバーカード利用により、コンビニのマルチコピー機などから取得できる市区町村もある。

住民票はここを見る

※書式などは市区町村により異なる。

相続人の住民票の例

・不動産を取得する相続人のものが必要（法定相続による相続なら相続人全員）。
・亡くなった後のものを取得する。
・本籍地の記載のあるもの、マイナンバーの記載のないものを取得する。

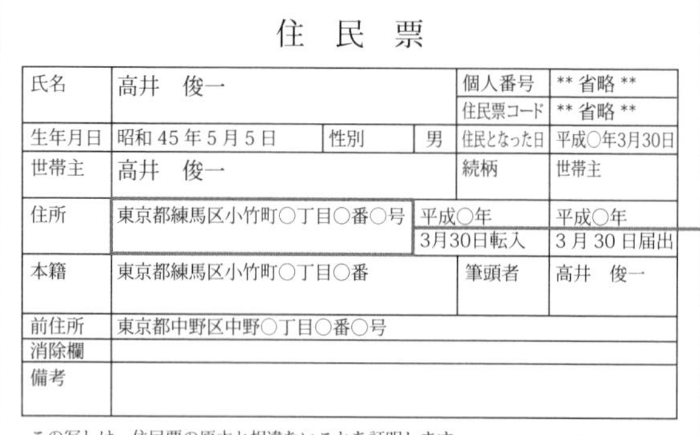

住　民　票

氏名	高井　俊一			個人番号	** 省略 **
				住民票コード	** 省略 **
生年月日	昭和 45 年 5 月 5 日	性別	男	住民となった日	平成○年3月30日
世帯主	高井　俊一			続柄	世帯主
住所	東京都練馬区小竹町○丁目○番○号			平成○年 3月30日転入	平成○年 3 月 30 日届出
本籍	東京都練馬区小竹町○丁目○番			筆頭者	高井　俊一
前住所	東京都中野区中野○丁目○番○号				
消除欄					
備考					

この写しは、住民票の原本と相違ないことを証明します。
令和○年○月○日
練馬区長　斉藤　隆　印

現在この住所に住んでいることがわかる。

亡くなった人の住民票の除票の例

・本籍地の記載のあるものを取得する。

住　民　票　【除　票】

氏名	高井　太郎			個人番号	** 省略 **
				住民票コード	** 省略 **
生年月日	昭和 19 年 3 月 21 日	性別	男	住民となった日	昭和○年○月○日
世帯主	高井　太郎			続柄	世帯主
住所	東京都世田谷区若林○丁目○番○号			昭和○年 ○月○日転入	昭和○年 ○月○日届出
本籍	東京都世田谷区若林○丁目○番			筆頭者	高井　太郎
前住所					
消除欄	令和○年 7 月 1 日				
備考					

この写しは、住民票の原本と相

「除票」の記載がある。

最後の住所がわかる。

登記事項証明書の住所と一致することが必要（住民票に複数の住所の記載がある場合は、そのいずれか）。

● 一致しない場合は、戸籍（除籍）の附票で確認する。

登記事項証明書▶

東京都世田谷区若林○丁目○　　全部事項証明書　　（土地）

表　題　部（土地の表示）		調製	余白	不動産番号	0000000000000
地図番号	余白	筆界特定	余白		
所　在	世田谷区若林○丁目				余白
① 地　番	②地　目	③ 地　積　㎡		原因及びその日付［登記の日付］	
○番	宅地	200 00		不詳 ［昭和○年○月○日］	
所有者	世田谷区若林○丁目○番　高　井　太　郎				

権　利　部（甲　区）（所有権に関する事項）			
順位番号	登　記　の　目　的	受付年月日・受付番号	権　利　者　そ　の　他　の　事　項
1	所有権移転	昭和○年 11 月 11 日 第 0000 号	原因　昭和○年11月11日売買 所有者　世田谷区若林○丁目○番○号 高　井　太　郎

戸籍（除籍）の附票でもよい

戸籍（除籍）の附票は、その戸籍に記載されている人の住所の異動を記載した文書です。住民票の代わりとして使えます。

本籍と筆頭者の記載は原則として省略されるため、請求時に記載する旨を伝えること。

戸籍の附票の例

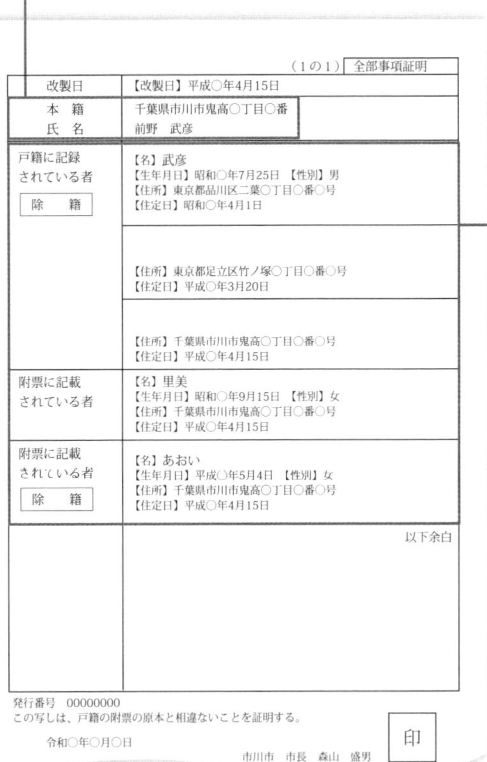

（1の1）　全部事項証明

改製日	【改製日】平成〇年4月15日
本　籍 氏　名	千葉県市川市鬼高〇丁目〇番 前野　武彦
戸籍に記録されている者 除　籍	【名】武彦 【生年月日】昭和〇年7月25日　【性別】男 【住所】東京都品川区二葉〇丁目〇番〇号 【住定日】昭和〇年4月1日
	【住所】東京都足立区竹ノ塚〇丁目〇番〇号 【住定日】平成〇年3月20日
	【住所】千葉県市川市鬼高〇丁目〇番〇号 【住定日】平成〇年4月15日
附票に記載されている者	【名】里美 【生年月日】昭和〇年9月15日　【性別】女 【住所】千葉県市川市鬼高〇丁目〇番〇号 【住定日】平成〇年4月15日
附票に記載されている者 除　籍	【名】あおい 【生年月日】平成〇年5月4日　【性別】女 【住所】千葉県市川市鬼高〇丁目〇番〇号 【住定日】平成〇年4月15日
	以下余白

発行番号　00000000
この写しは、戸籍の附票の原本と相違ないことを証明する。

令和〇年〇月〇日

市川市　市長　森山　盛男　印

この戸籍がつくられた以降のすべての住所が記載されている。

- 亡くなった人の欄にあるいずれかの住所が、登記事項証明書の住所と一致すればよい。

注意！ この附票で登記事項証明書と住所がつながらない場合は、その前の戸籍の附票にさかのぼって確認する。

取得方法は戸籍謄本と同様。

- 戸籍謄本等交付請求書の「必要な戸籍」欄で「戸籍の附票」をチェックする。

誰が	戸籍に記載のある人（本人）、配偶者、父母や子など、代理人 ・亡くなった人の戸籍請求は、上記以外の相続人も可。	必要書類	□ 請求する人の本人確認書類 ・運転免許証、マイナンバーカードなど（顔写真のあるもの）。 □（亡くなった人の戸籍請求）亡くなった人との関係がわかる戸籍謄本など □（代理人に依頼する場合）委任状
どこへ	本籍のある市区町村役場（原則）		
いくら	1通300円など		

相続登記で納める税金を計算する

相続登記で納める登録免許税を計算するため、固定資産評価証明書を取得する。税額を証明するため添付することが必要。

■ その年の証明書を取得する

登記申請の際には登録免許税を納めます。税額の計算は、その不動産価格により申請人が行います（登録免許税の計算→ 138 ページ）。そのため、**不動産価格が記載された固定資産評価証明書を添付して、税額の計算が正しいことを証明します。**

不動産価格は固定資産税の納税通知書（→ 68 ページ）などでもわかりますが、固定資産評価証明書には非課税の不動産（私道など）も記載されており、不動産調査にも役立ちます。**不動産価格は１年に一度、４月１日に見直されるため、その年（相続登記をする年）の固定資産評価証明書が必要です。**

不動産のある市区町村役場（東京 23 区は都税事務所）の窓口に、固定資産評価証明書の交付請求書を提出して取得します。郵送でも請求・取得が可能です。相続による取得であることがわかる、亡くなった人の戸籍（除籍）謄本や相続人の戸籍謄本などを添付します。

固定資産評価証明書の例

その不動産の最新の価格を確認する。

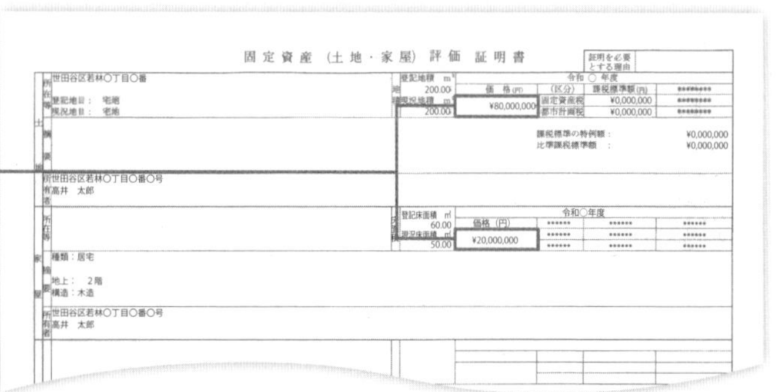

固定資産（土地・家屋）評価証明書

証明を必要とする理由

土地
所在等：世田谷区若林○丁目○番
登記地目：宅地
現況地目：宅地
地積：登記地積 ㎡ 200.00／現況地積 ㎡ 200.00
令和○年度
価格（円）：¥80,000,000
（区分）：固定資産税／都市計画税
課税標準額（円）：¥0,000,000／¥0,000,000
****
課税標準の特例額：¥0,000,000
比準課税標準額：¥0,000,000
所有者：世田谷区若林○丁目○番○号　高井　太郎

家屋
所在等
床面積：登記床面積 ㎡ 60.00／現況床面積 ㎡ 50.00
令和○年度
価格（円）：¥20,000,000
******
種類：居宅
地上：２階
構造：木造
所有者：世田谷区若林○丁目○番○号　高井　太郎

固定資産評価証明書の交付請求書の例

※文書名や書式は市区町村により異なる。例は東京 23 区（「固定資産［評価・閲覧］申請書」）

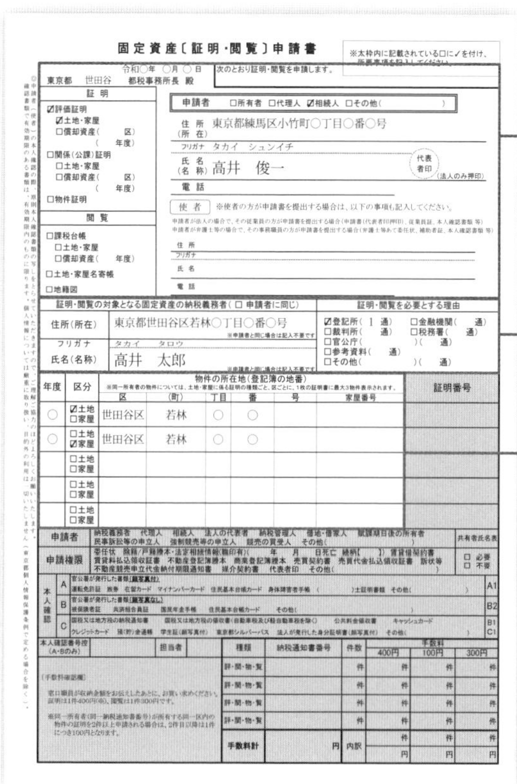

固 定 資 産〔証 明・閲 覧〕申 請 書

※太枠内に記載されている☐に✓を付け、所要事項を記入してください。

令和○年 ○月 ○日

東京都　世田谷　都税事務所長 殿

次のとおり証明・閲覧を申請します。

証 明

☑評価証明
　☑土地・家屋
　☐償却資産（　　区）（　　年度）
☐関係（公課）証明
　☐土地・家屋
　☐償却資産（　　区）（　　年度）
☐物件証明

閲 覧

☐課税台帳
　☐土地・家屋
　☐償却資産（　　年度）
☐土地・家屋名寄帳
☐地籍図

申請者　☐所有者　☐代理人　☑相続人　☐その他（　　　）

住 所（所 在）　東京都練馬区小竹町○丁目○番○号

フリガナ　タカイ　シュンイチ

氏 名（名 称）　高井　俊一　　代表者印（法人のみ押印）

電 話

使 者　※使者の方が申請書を提出する場合は、以下の事項も記入してください。

申請者が法人の場合で、その従業員の方が申請書を提出する場合（申請書（代表者印押印）、従業員証、本人確認書類 等）
申請者が弁護士等の場合で、その事務職員の方が申請書を提出する場合（弁護士等あて委任状、補助者証、本人確認書類 等）

住 所
フリガナ
氏 名
電 話

証明・閲覧の対象となる固定資産の納税義務者（☐ 申請者に同じ）		証明・閲覧を必要とする理由
住所（所在）	東京都世田谷区若林○丁目○番○号 ※申請者と同じ場合は記入不要です	☑登記所（ 1 通）　☐金融機関（　通） ☐裁判所（　通）　☐税務署（　通） ☐官公庁（　　）（　通） ☐参考資料（　通） ☐その他（　　）（　通）
フリガナ	タカイ　タロウ	
氏名（名称）	高井　太郎 ※申請者と同じ場合は記入不要です	

年度	区分	区	（町）	丁目	番	号	家屋番号	証明番号
○	☑土地 ☐家屋	世田谷区	若林	○	○			
○	☐土地 ☑家屋	世田谷区	若林	○	○			
	☐土地 ☐家屋							
	☐土地 ☐家屋							
	☐土地 ☐家屋							

物件の所在地（登記簿の地番）※同一所有者の物件については、土地・家屋に係る証明の種類ごと、区ごとに、1枚の証明書に最大3物件表示されます。

申請者	納税義務者　代理人　相続人　法人の代表者　納税管理人　借地・借家人　賦課期日後の所有者　民事訴訟等の申立人　強制競売等の申立人　競売の買受人　その他（　）	共有者氏名表
申請権限	委任状　除籍/戸籍謄本・法定相続情報(職印有)（　年　月　日死亡 続柄【　】）賃貸借契約書　賃貸料払込領収証書　不動産登記簿謄本　商業登記簿謄本　売買契約書　売買代金払込領収証書　訴状等　不動産競売申立代金納付期限通知書　媒介契約書　代表者印　その他（　）	☐ 必要 ☐ 不要

本人確認		
A	官公署が発行した書類（顔写真付）　運転免許証　旅券　在留カード　マイナンバーカード　住民基本台帳カード　身体障害者手帳　（　）士証明書類　その他（　）	A1
B	官公署が発行した書類（顔写真なし）　被保険者証　共済組合員証　国民年金手帳　住民基本台帳カード　その他（　）	B2
C	国税又は地方税の納税通知書　国税又は地方税の領収書（自動車税及び軽自動車税を除く）　公共料金領収書　キャッシュカード　クレジットカード　預(貯)金通帳　学生証(顔写真付)　東京都シルバーパス　法人が発行した身分証明書(顔写真付)　その他（　）	B1 C1

本人確認番号控（A・Bのみ）　　担当者

（手数料確認欄）
窓口職員が収納金額をお伝えしたあとに、お買い求めください。証明は1件400円(※)、閲覧は1件300円です。
※同一所有者（同一納税通知書番号）が所有する同一区内の物件の証明を2件以上申請される場合は、2件目以降は1件につき100円となります。

種類	納税通知書番号	件数	手数料 400円	100円	300円
評・関・物・覧		件	件	件	件
評・関・物・覧		件	件	件	件
評・関・物・覧		件	件	件	件
評・関・物・覧		件	件	件	件
手数料計	円	内訳	件 / 円	件 / 円	件 / 円

1 請求する人などについて記入する

住所、氏名など。

● 必要とする証明書にチェックする。

2 不動産の所有者（被相続人）などについて記入する

住所、氏名など。

●「必要とする理由」は相続登記を行う「登記所」にチェック。必要な通数を記入する。

3 請求する不動産について記入する

最新の年度、不動産の登記簿上の所在地（地番、家屋番号）など。

		必要書類
誰が	不動産の所有者、相続人、代理人	☐ 請求する人の本人確認書類 ・運転免許証、マイナンバーカードなど。
どこへ	不動産のある市区町村役場、東京 23 区は都税事務所（郵送可）	☐ 亡くなった人の戸籍（除籍）謄本 ☐ 亡くなった人との関係がわかる戸籍謄本など
いくら	1 通 300 円など ・市区町村により異なる。	☐（郵送の場合）必要額の切手を貼った返信用封筒、手数料分の定額小為替 ☐（代理人に依頼する場合）委任状

相続関係を図にしておくと戸籍謄本が返還される

相続関係説明図や法定相続情報一覧図を作成して提出することで、申請時の戸籍謄本の扱いが有利になる。

■ 相続関係を図にして表す

戸籍謄本（戸籍抄本、除籍謄本、改製原戸籍謄本を含む）は、相続登記以外の多くの相続手続きでも必要書類です。相続登記の申請で提出してしまうと、あらためて取得しなければならなくなりますが、コピーをとって原本と一緒に提出すれば返還されます（原本還付→ 144 ページ）。

また、**「相続関係説明図」を作成して提出すれば、戸籍謄本についてはコピーがなくても原本が返還されます。**この方法ならコピーをとる手間がかかりません。相続関係説明図とは、亡くなった人と相続人の関係を家系図のような形式でまとめたものです（→右ページ）。戸籍を調べる際に作成すれば、亡くなった人と相続人の関係の把握・整理にも役立ちます。一から作成してもかまいませんが、法務局のホームページにある様式を利用すると便利です。

■ 法定相続情報証明制度を利用する

また、**法定相続情報証明制度を利用して「法定相続情報一覧図」を提出すると*、相続登記などの相続手続きで戸籍謄本の提出を省略できます。**

相続関係説明図と同様、亡くなった人と相続人の関係を図にしたものですが（書き方などはほぼ共通）、事前に法務局の認証を受けます（手続き→ 114 ページ）。認証には戸籍謄本などの添付が必要です。なお、認証文のついた法定相続情報一覧図の交付には 1 週間～ 10 日程度かかります。

ひとくちメモ	**どちらを選ぶ？**　法定相続情報証明制度の利用は、法定相続情報一覧図とくらべるとやや手間がかかる。戸籍謄本の提出先が多いかどうかなどで利用を判断する。

＊令和 6 年 4 月から、法定相続情報一覧図に記載された「法定相続情報番号」を登記申請書の添付情報に記載することで、法定相続情報一覧図の提出を省略できる。

相続関係説明図の作成ポイント

必要な記載事項

- 亡くなった人（被相続人）の氏名、最後の住所、亡くなった日。
- 相続人の氏名、住所、出生日、被相続人との関係。

A4 サイズの用紙を縦に使うと、
ほかの提出書類とサイズがそろうので扱いやすい。

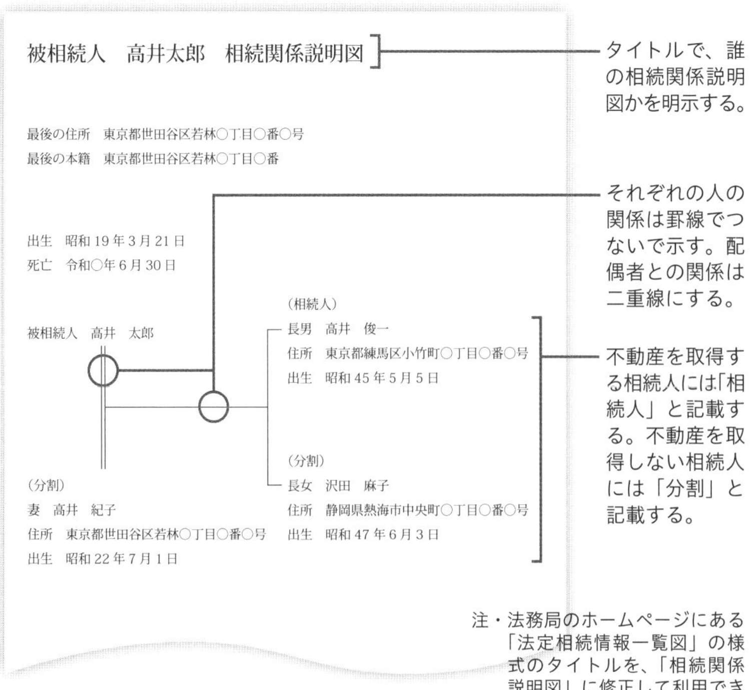

注・法務局のホームページにある「法定相続情報一覧図」の様式のタイトルを、「相続関係説明図」に修正して利用できる。

法定相続情報一覧図との違い

	相続関係説明図	法定相続情報一覧図
法務局の認証	なし	あり（認証に１週間から10 日程度かかる）
相続登記申請時のメリット	戸籍謄本が返還される	戸籍謄本の提出を省略できる
作成のルール	必要事項の記載があればよい	様式などに定めがある

法定相続情報証明制度を活用する

法定相続情報証明制度は、相続人が作成した法定相続情報一覧図を法務局が認証することで、戸籍謄本の提出を省略できる制度です。基本的な活用方法を知っておきましょう。

制度利用の流れ

1 法定相続情報一覧図を作成する

必要書類(右ページ下)をそろえる。

2 法務局の認証を受ける

法定相続情報一覧図と申出書、必要書類を提出する。

法定相続情報一覧図の作成ポイント

被相続人　高井太郎　法定相続情報

最後の住所
東京都世田谷区若林○丁目○番○号
最後の本籍
東京都世田谷区若林○丁目○番
出生　昭和19年3月21日
死亡　令和○年6月30日
(被相続人)
高井　雄太郎

住所　東京都世田谷区若林○丁目○番○号
出生　昭和22年7月1日
妻　高井　紀子

住所　東京都練馬区小竹町○丁目○番○号
出生　昭和45年5月5日
(相続人)
長男　高井　俊一　(申出人)

住所　静岡県熱海市中央町○丁目○番○号
出生　昭和47年6月3日
長女　沢田　麻子

作成日：　令和○年7月30日
作成者：住所　東京都練馬区小竹町○丁目○番○号
氏名　高井　俊一

A4サイズの用紙を縦に使う。

- 法務局ホームページの様式(「主な法定相続情報一覧図の様式及び記載例」)を使うとつくりやすい(手書きの場合はボールペンなどを使用する)。

申し出をする相続人には「申出人」とつける。

亡くなった人の最後の住所は、住民票(除票)の通りにする。

- 亡くなった人の本籍、相続人の住所の記載は任意。

続柄は、原則として戸籍と同じ表記にする。

- 相続放棄をした相続人も記載する。

作成日、作成者の住所、氏名を記載する。

POINT

認証文の入るスペースのため、下から5センチ程度を空白にしておく。

・交付される法定相続情報一覧図に、法定相続情報番号、認証文、発行日、発行登記所名などが印字される。

法定相続情報一覧図の保管及び交付の申出書の例

申出年月日を記入する。

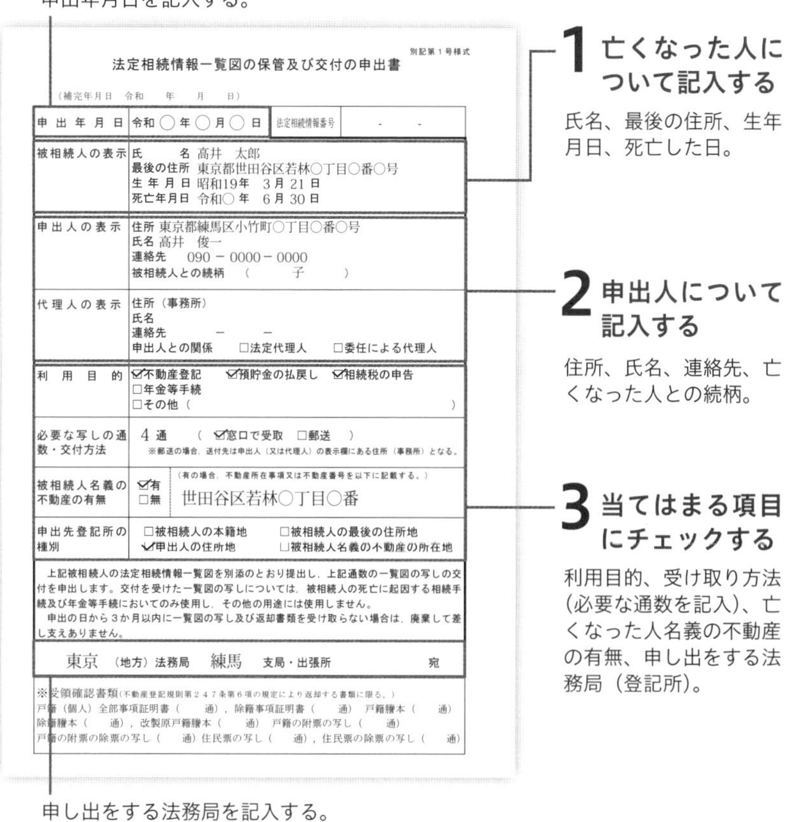

別記第１号様式

法定相続情報一覧図の保管及び交付の申出書

（補完年月日　令和　　年　　月　　日）

申出年月日	令和◯年◯月◯日	法定相続情報番号	-　-
被相続人の表示	氏　　名 高井　太郎 最後の住所 東京都世田谷区若林◯丁目◯番◯号 生 年 月 日 昭和19年　3月 21 日 死亡年月日 令和◯ 年　6月 30 日		
申出人の表示	住所 東京都練馬区小竹町◯丁目◯番◯号 氏名 高井　俊一 連絡先　090 － 0000 － 0000 被相続人との続柄　（　　子　　）		
代理人の表示	住所（事務所） 氏名 連絡先　　－　　－ 申出人との関係　□法定代理人　□委任による代理人		
利用目的	☑不動産登記　☑預貯金の払戻し　☑相続税の申告 □年金等手続 □その他（　　　）		
必要な写しの通数・交付方法	4 通　（☑窓口で受取　□郵送　） ※郵送の場合，送付先は申出人（又は代理人）の表示欄にある住所（事務所）となる。		
被相続人名義の不動産の有無	☑有 □無	（有の場合，不動産所在事項又は不動産番号を以下に記載する。） 世田谷区若林◯丁目◯番	
申出先登記所の種別	□被相続人の本籍地　□被相続人の最後の住所地 ☑申出人の住所地　□被相続人名義の不動産の所在地		

上記被相続人の法定相続情報一覧図を別添のとおり提出し，上記通数の一覧図の写しの交付を申出します。交付を受けた一覧図の写しについては，被相続人の死亡に起因する相続手続及び年金等手続においてのみ使用し，その他の用途には使用しません。

申出の日から３か月以内に一覧図の写し及び返却書類を受け取らない場合は，廃棄して差し支えありません。

東京（地方）法務局　練馬　支局・出張所　　宛

※受領確認書類（不動産登記規則第２４７条第６項の規定により返却する書類に限る。）
戸籍（個人）全部事項証明書（　　通），除籍事項証明書（　　通）　戸籍謄本（　　通）
除籍謄本（　　通），改製原戸籍謄本（　　通）　戸籍の附票の写し（　　通）
戸籍の附票の除票の写し（　　通）住民票の写し（　　通），住民票の除票の写し（　　通）

1 亡くなった人について記入する

氏名、最後の住所、生年月日、死亡した日。

2 申出人について記入する

住所、氏名、連絡先、亡くなった人との続柄。

3 当てはまる項目にチェックする

利用目的、受け取り方法（必要な通数を記入）、亡くなった人名義の不動産の有無、申し出をする法務局（登記所）。

申し出をする法務局を記入する。

誰が	相続人、代理人	必要書類	□ 亡くなった人の生まれてから亡くなるまでの戸籍（除籍）謄本 □ 相続人全員の戸籍謄本（抄本） □ 亡くなった人の住民票の除票 □ 申出人の氏名・住所を確認できる書類 □ （郵送の場合）必要額の切手を貼った返信用封筒 □ （代理人に依頼する場合）委任状　など
どこへ	亡くなった人の本籍または最後の住所、申出人の住所、その不動産の所在地いずれかを管轄する法務局		
いくら	無料		

自筆証書遺言なら家庭裁判所の検認が必要

まとめ

遺言による相続では遺言書を提出する。検認を受けた場合は、家庭裁判所の検認済証明書も提出する。

■ 検認を受けると証明書が発行される

遺言による不動産の相続なら、相続登記の申請の際にその遺言書を提出します（遺言書の有無の確認→ 52 ページ）。

遺言が自筆証書遺言（→ 54 ページ）の場合は、家庭裁判所による検認後に交付される「検認済証明書」の提出も必要です。自筆の遺言書が見つかった場合は、まず家庭裁判所に連絡して検認手続きを受けましょう（検認の流れは右ページ）。また、亡くなった人が生前に、自筆証書遺言を法務局に預けていることがあります（遺言書保管制度）。この場合、相続人は遺言書保管所（法務局に確認）に、「遺言書情報証明書」（遺言書の内容が印刷されたもの）を請求します。このケースでは検認不要です。この遺言書情報証明書を登記申請時に提出します。**公証役場で作成した公正証書遺言（→55ページ）なら、検認不要のため遺言書のみを提出します。**

■ やはり戸籍が必要になる

公正証書遺言の有無の確認や自筆証書遺言の検認手続き、遺言書情報証明書の交付の請求には、亡くなった人の生まれてから亡くなるまでの戸籍謄本や相続人の戸籍謄本（抄本）などが必要になります。

このとき提出するのは原本です。返還してもらう場合は、申立てなどの際にコピーを一緒に提出します。

ひとくちメモ	**遺言書による相続登記の必要書類**　亡くなった人の出生～死亡までの戸籍謄本は、相続登記では遺言書がある場合提出不要だが、検認などの手続きで必要になるため取得は必要。

提出する遺言書をチェック

提出する遺言書は3タイプ

公正証書遺言なら

公証人等の証明を受けた公正証書遺言

自筆証書遺言なら

自筆証書遺言
＋
検認済証明書

（遺言書保管所に保管なら）

法務局から交付された遺言書情報証明書

検認手続きの流れを確認

家庭裁判所 *1 に検認の申立てを行う（窓口または郵送）

・検認の申立書*2 を作成して、必要書類をそろえる。
・家庭裁判所から相続人全員に、検認を行う日が通知される。

主な必要書類
- □ 亡くなった人の生まれてから亡くなるまでの戸籍（除籍）謄本
- □ 相続人全員の戸籍謄本

＊1 亡くなった人の最後の住所地を管轄する家庭裁判所。
＊2 家事審判申立書の事件名欄に「遺言書の検認」と記入して作成する。手数料800円（収入印紙を貼る）。

▼ 2週間～1か月程度

遺言書の検認が行われる

・家庭裁判所で相続人が立ち会いのもと、亡くなった人の遺言であることを確認する。
・検認に立ち会うかどうかは、各相続人の判断でよい。

▼

検認の終了

・検認済証明書の交付を受ける。

▼検認済証明書の例

令和○年（家）第○○○号　遺言検認事件

証　明　書

この遺言書は、当庁令和○年（家）第○○○号遺言検認事件として
令和○年１０月１４日検認したことを証明する。

令和○年１０月２０日

○○家庭裁判所

裁判所書記官　山田　明　印

遺産分割協議の結果を文書にまとめる

遺産分割協議による相続では、遺産分割協議書を作成して提出する。このとき、相続人全員の印鑑証明書も必要になる。

■ 遺産分割協議の内容をあきらかにする

遺産分割協議書は、相続人による遺産分割協議（→ 56 ページ）がまとまった後、その結果を文書にしたものです。遺産分割協議による相続登記やその他の相続手続き、相続税の申告などでは、作成して提出する必要があります。協議内容を文書にしておくことは、遺産分割に関する将来のトラブル予防にもなります。

■ 相続人の実印で内容を証明する

書き方に特別なルールはなく、パソコンでも手書きでもかまいません。ただし、誰がどんな財産をどれだけ取得するかについて、誤解が生じないよう正確に記載することに注意します。特に不動産についての記載は、登記事項証明書の表記の通りにしましょう。複数枚になるときは、相続人全員がそれぞれのページの境目に契印します（→ 121 ページ）。

作成後は、相続人全員が自筆で署名して実印で押印します。遺産分割協議書は相続人の人数分を作成して、それぞれが保管します。相続登記用の分もつくっておくと便利です。

登記申請の際は、押印した実印について相続人の印鑑証明書（印鑑登録証明書）が必要になります。なお、遺産分割協議書と印鑑証明書を登記申請後に返還してもらう場合は、コピーを添付します（原本還付）。

ひとくちメモ	**相続登記で提出する遺産分割協議書**　「不動産はすべて○○が相続する」といった記載は、協議としては有効でも、相続登記では不動産を特定できないため NG となる。

提出する遺産分割協議書をチェック

遺産分割協議書と印鑑証明書をセットで提出する

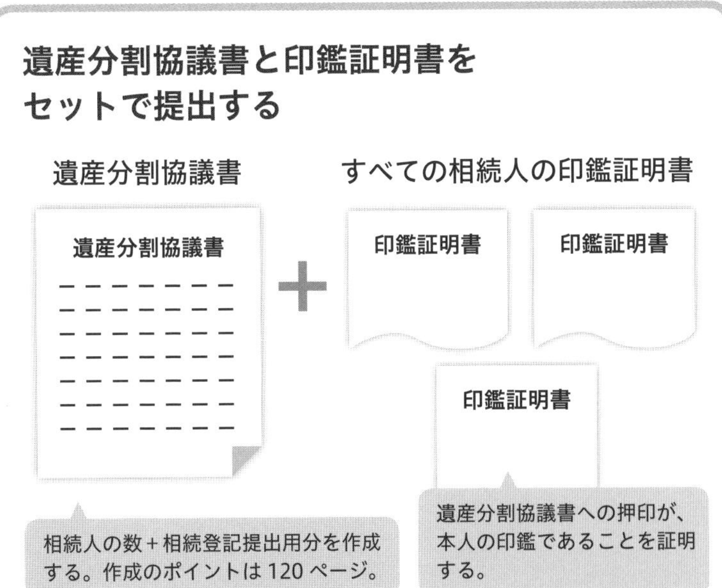

相続人の印鑑証明書の例

印鑑登録している市区町村役場で取得する。

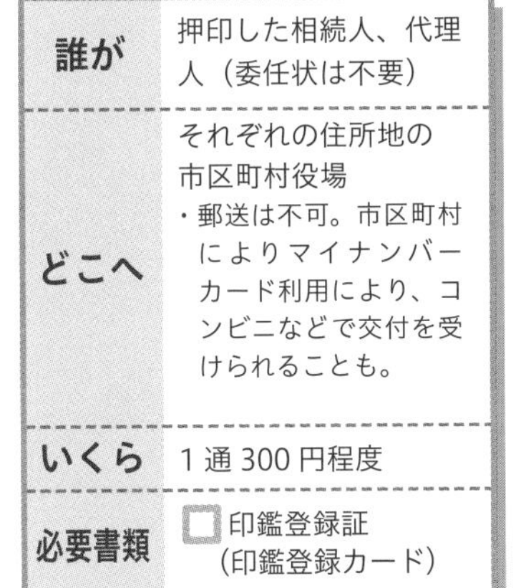

誰が	押印した相続人、代理人（委任状は不要）
どこへ	それぞれの住所地の市区町村役場 ・郵送は不可。市区町村によりマイナンバーカード利用により、コンビニなどで交付を受けられることも。
いくら	1通300円程度
必要書類	□印鑑登録証（印鑑登録カード）

印　鑑　登　録　証　明　書

印　影	氏名	高井　俊一		
印	生年月日	昭和45年5月5日	性別	男
	住所	東京都練馬区小竹町○丁目○番○号		
	備考			

この写しは、登録されている印影と相違ないことを証明します。

令和○年○月○日

○○区区長　斉藤　隆　　印

遺産分割協議書作成のポイント

遺産分割協議書

被相続人・高井太郎（東京都世田谷区若林○丁目○番・令和○年6月30日死亡）の共同相続人・高井紀子、高井俊一、沢田麻子は、遺産分割の協議を行い、下記の通り相続財産を分割することに合意した。

記

1　相続人・高井俊一は、以下の財産を取得する。
（土地）
所　在　東京都世田谷区若林○丁目
地　番　○番
地　目　宅地
地　積　200.00㎡
（建物）
所　在　東京都世田谷区若林○丁目○番
家屋番号　○番
種　類　居宅
構　造　木造かわらぶき2階建
床面積　1階　60.00㎡　2階　50.00㎡

2　相続人・高井紀子は、以下の財産を取得する。
預貯金　ほしぞら銀行世田谷支店　普通預金　口座番号1111111　口座名義○○○○

3　相続人・沢田麻子は、上記1、2に記載以外の被相続人の全ての遺産を取得する。

以上の通り、相続人全員による遺産分割協議が成立したので、これを証明するために署名・押印の上本協議書を3通作成し、それぞれが保有する。

令和○年○月○日

相続人　住所　東京都世田谷区若林○丁目○番○号
高井紀子　㊞

相続人　住所　東京都練馬区小竹町○丁目○番○号
高井俊一　㊞

相続人　住所　静岡県熱海市中央町○丁目○番○号
沢田麻子　㊞

協議が成立した年月日
- ○月吉日などの表記は避ける。

相続人全員が署名し、実印により押印する
- 住所は住民票の記載にそろえる。
- 財産を相続しなかった相続人の署名・押印も必要（相続放棄した人を除く）。

亡くなった人（被相続人）の氏名、最後の住所、亡くなった日、相続人全員の氏名（遺産分割協議の参加者）

誰がどの財産をどのように取得するのか

- 箇条書きでわかりやすく記載する。債務も同様に記載が必要。
- 不動産は、土地と建物に分けて、所在、地番、地目、地積、家屋番号、種類、構造、床面積、共有の場合は持分を記載する。マンションは所有する部屋だけでなく、マンション全体の情報も必要。

POINT

登記事項証明書（表題部）の表記の通りに記載する。

協議が全員の合意で成立した旨と、遺産分割協議書の作成部数

複数ページになるときは

用紙を重ねて左側をホチキスでとめ、開いたページの境目に相続人全員が契印する。

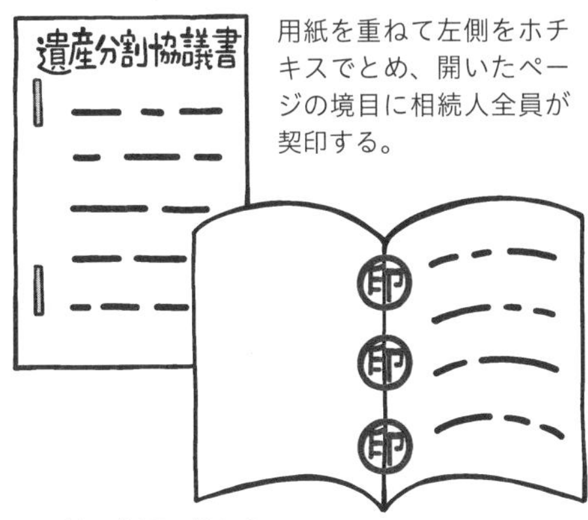

- 用紙の裏面は使わない。
- 契印はすべてのページの境目に押す。

冊子にした場合は、製本テープなどを貼ってその境目に契印する（表と裏の2か所）。

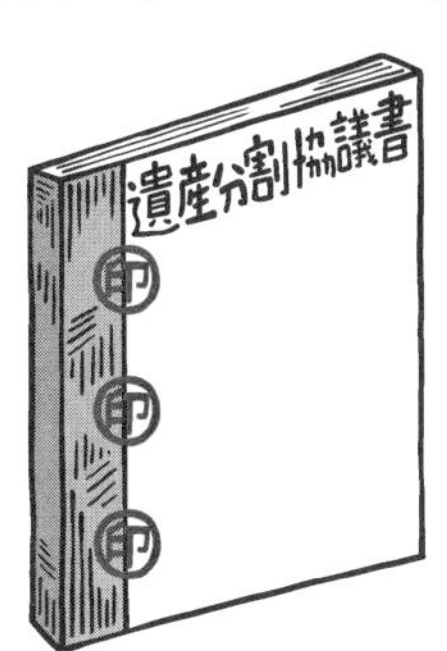

手続きを人にまかせるならその証明書類をつくる

相続登記の手続きなどを第三者に依頼するには、委任状を作成して提出する。委任内容がもれないよう注意する。

■ 専門家に依頼するなら必須

相続登記は、不動産を取得する相続人（複数なら共同）が行いますが、忙しくて時間が取れない、健康上の理由で手続きができないといった場合、相続人の１人や一定の親族にまかせたり、司法書士など、専門知識のある人に依頼する場合もあります。このとき、**まかせる相手に対して委任状を作成します。委任状は登記申請の際に添付が必要です。**

相続登記の委任状では、不動産の表示を登記事項証明書と同じ表記にします。また依頼する手続きの範囲は、できるだけ明確にしておくことが大切です（例の２～５など）。

複数の相続人で不動産を共有する場合、委任状がなくても相続人の１人が登記を申請できます。ただし委任状を出さなかった相続人には登記識別情報が発行されません。

■ ほかの相続手続きでも必要

その他、**戸籍謄本や住民票の取得、相続登記以外の相続手続き（預貯金口座や自動車の名義変更など）、相続税の申告なども、ほかの人に依頼できます。**それぞれ委任状を作成して、代理人が必要書類とともに手続き先に提出します。なお、戸籍謄本や住民票の取得では、亡くなった人の配偶者、直系血族（祖父母、父母、子など）が請求する場合、委任状は不要です。

ひとくちメモ　**委任状の形式に注意**　手続きの内容によって、委任状の書式や必要な記載項目、署名や押印の方法などが決まっている場合があるので、事前に手続き先に確認してから作成する。

相続登記の委任状の例

委　任　状

住所　東京都町田市原町田○丁目○番○号
氏名　遠藤　栄一

私は、上記の者を代理人と定め、下記登記申請に関する一切の権限を委任する。

記

1　登記の目的　所有権移転
原　因　令和○年○月○日　相続
相続人（被相続人　坂本武彦）
　　　　東京都世田谷区代田○丁目○番○号　坂本夏生

不動産の表示
　所　　在　　東京都練馬区石神井台○丁目
　地　　番　　○番○
　地　　目　　宅地
　地　　積　　220.45㎡

　所　　在　　東京都練馬区石神井台○丁目○番○
　家屋番号　　○番○
　種　　類　　居宅
　構　　造　　木造スレートぶき２階建
　床 面 積　　1階　85.00㎡　　2階　45.00㎡

2　原本還付請求及び受領の件
3　登記申請の取り下げまたは補正に関する件
4　登記識別情報通知書及び登記完了証の受領の件
5　上記1～4のほか、上記登記申請に関して必要な一切の件

令和○年5月11日

（委任者）住所　東京都世田谷区代田○丁目○番○号
　　　　　氏名　坂本夏生　㊞

1 代理人について記入する

代理人の住所・氏名。
● 押印は不要。

2 委任する事項について記入する

委任する手続きの内容（できるだけ具体的に）。
● 登記の「原因」は「(亡くなった日)相続」とする。

作成年月日を記入する。

不動産についての記載は、登記事項証明書の通りにする。

3 委任する人について記入する

委任者の住所と署名・押印（認印でよい）。氏名は自署がのぞましい。
● 住所は住民票の記載の通りにする。

POINT

司法書士などの専門家に依頼する場合は、用意されたひな型に、必要事項を記入して署名・押印する。

COLUMN

家庭裁判所と相続手続き

家庭裁判所は、離婚や遺産分割などの家庭にかかわる家事事件と、未成年者にかかわる少年事件を扱う裁判所です（事件とは裁判所で扱う手続きのこと）。全国の県庁所在地など50か所に設けられており、それ以外に支部や出張所もあります。

家庭裁判所では紛争解決手続きも行われますが、その方法には、調停（家庭裁判所が間に立って、当事者間の話し合いで解決をはかる）、審判（家庭裁判所が解決方法を決定する）、人事訴訟（裁判により解決方法を決定する）などがあります。

相続手続きでは、遺産分割でトラブルになった場合のほか、遺言書の検認や相続放棄の手続きなどで家庭裁判所を利用します。相続内容が複雑なケースなどでは、弁護士に相続手続きを依頼することも検討しましょう。

家庭裁判所で行われる主な相続手続き

遺言書について

- 遺言の検認（→116ページ）

相続のしかたについて

- 相続放棄の申述（しんじゅつ）（→50ページ）
- 限定承認の申述（→50ページ）

相続人について

- 特別代理人（→57ページ）の選任
- 不在者財産管理人（→57ページ）の選任
- 成年後見人（→57ページ）の選任
- 失踪（しっそう）宣告

遺産分割で紛争になった場合

- 遺産分割の調停、審判（→58ページ）

パート5 法務局に相続登記を申請しよう

これまでのパートを踏まえ、法務局への登記申請と登記完了までの手順を押さえましょう。
相続登記以外の登記についても解説しています。

このパートで取り上げている項目

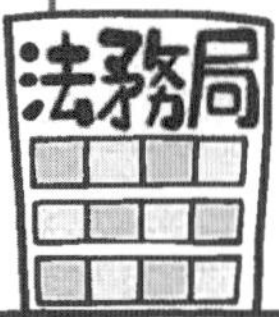

登記を申請するときの手順と方法をつかむ

パート４の必要書類がそろったら、登記申請書を作成して、すべての書類をまとめて法務局に申請する。

■ 登記申請書を作成しよう

遺産分割の内容が決まり、相続登記のための必要書類がそろったら、不動産を取得する相続人（原則）は相続登記の申請をします。**申請は１つの不動産ごとに行うため、土地と建物は別に申請するのが原則ですが、自宅の土地と建物のような場合は、１枚の申請書にまとめることができます（一括申請）。**ただし、土地と建物を別の相続人が取得する場合は、それぞれの申請が必要です。また、不動産を取得するのが複数の相続人である場合（共有名義）は共同申請が原則ですが、相続人のうちの１人が行ってもかまいません。

登記申請書のほか多くの必要書類を提出することになるため、わかりやすくまとめておくことも大切です。

■ 法務局へ行こう

申請書の提出先は、その不動産を管轄する法務局です。法務局の管轄が異なる複数の不動産がある場合は、それぞれの法務局に申請します。窓口に行って申請するほか、郵送による申請やオンライン申請もできます。

法務局の確認・審査により、申請内容に不備などがなければ相続登記は完了です。法務局から登記識別情報通知書などを受け取って保管しましょう。相続登記は、令和６年４月から３年以内の申請が義務化されました。期限にも注意します。

ひとくちメモ	**複数の不動産を一括申請できる条件**　①同じ法務局管轄の不動産、②登記の目的が同じ、③登記原因が同じ、④当事者が同じ（共有名義）。①～④のいずれかに該当すること（例外あり）。

申請書類の準備から登記完了まで

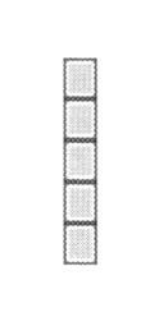

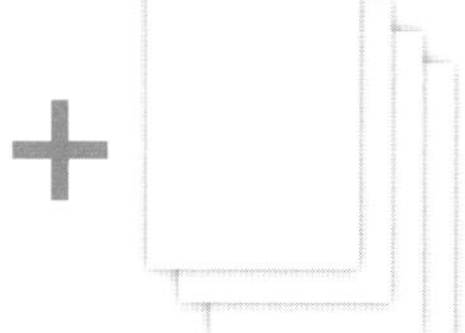

登記申請書

(→128～133ページ)

法務局ホームページの様式などから作成する。ルールにしたがって作成する。

登録免許税

(→138～143ページ)

税額の収入印紙を台紙に貼る。

必要書類

登記申請書には、添付情報（登記原因証明情報、住所証明情報、代理権限証明情報など）と記載する。

- 返却を希望する書類はコピーをつける（原本還付→144ページ）。

申請する人

相続により新たな所有者になる人。

- 共有名義の場合は、共同またはそのうちの一人が申請する。

申請書類を提出する

- 枚数が多くなるため、わかりやすくまとめることが必要(→146～149ページ)。
- 窓口に持参するほか、郵送やオンライン申請もできる(→150～153ページ)。

法務局

提出先はその不動産の所在地を管轄する法務局。

登記識別情報通知書などを受け取る（登記の完了→156ページ）

- 一般に1週間～10日程度かかる。
- 補正や取下げが必要になる場合もある（→154ページ）。

登記申請書の体裁や項目は決まっている

登記申請書は法務局のホームページからダウンロードできる。記入する内容や記入のしかたは決まっている。

■ 申請書に必要事項を記入する

登記申請書の作成は、法務局のホームページに用意されている、さまざまなケースごとの様式や記載例を活用すると便利です。この様式を使ってパソコン上で直接入力するほか、印刷して手書きでもかまいません。また、記載ルールを守っていれば、一から作成してもかまいません。

登記申請書の記載項目はやや専門的で、記入のしかたもおおよそ決まっています。それぞれの内容を確認しながら記入していきましょう（130 ～ 133ページ）。たとえば、「登記の目的」にはどの登記を行うのかを記入します（相続登記では一般に「所有権移転」）。「原因」には、登記を行う理由（「相続」など）とその理由が起きた日（相続開始日など）を記入します。

■ 不動産は登記事項証明書の通りに

登記申請の必要書類については、「添付情報」として、登記原因証明情報（戸籍関係書類や遺言書、遺産分割協議書など）、住所証明情報（住民票や戸籍の附票）、代理権限証明情報（委任状など）と記入します。（　）内のような具体的な書類名は記入不要です＊。

今回登記を行う不動産の内容は、「不動産の表示」として記入します。登記事項証明書の記載通りにすることが必要です。132 ページで登記事項証明書からの転記の方法を確認してください。

ひとくちメモ	**必要書類の前件添付**　同じ法務局に同時に２件以上の登記申請書を提出する場合、同じ必要書類は１通分でよい。２件目以降の申請書の添付情報記載の後に「（前件添付）」と書き加える。

＊固定資産評価証明書はいずれにも該当しないが、特に記載しなくてもよい。

登記申請書作成の注意点

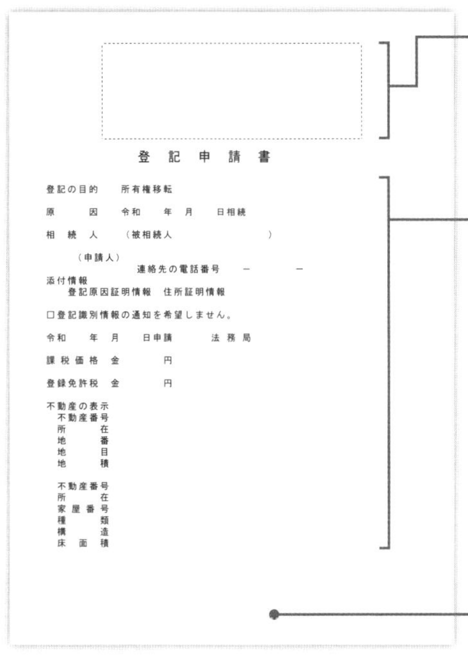

登 記 申 請 書

登記の目的　所有権移転

原　因　令和　年　月　日相続

相 続 人　（被相続人　）

（申請人）

連絡先の電話番号　－　－

添付情報

登記原因証明情報　住所証明情報

□登記識別情報の通知を希望しません。

令和　年　月　日申請　法 務 局

課税価格　金　円

登録免許税　金　円

不動産の表示

不動産番号

所　在

地　番

地　目

地　積

不動産番号

所　在

家屋番号

種　類

構　造

床面積

▲法務局ホームページの様式例

用紙の上部は6センチ程度空白になっている（法務局の受付確認用のスペース）。何も書き込まないこと。

パソコン入力でも手書きでもよい

- 法務局の様式によりパソコン上で直接入力するほか、様式を印刷して直接記入してもよい。
- 手書きで記入する場合は、黒色のボールペンなどを使用する。鉛筆は不可。

A4 サイズの用紙に印刷する

- 用紙は縦に使う（横書き）。裏面は使わない(片面印刷)。
- 紙は上質紙など、丈夫で長期間の保存に耐えるものを使う。

2枚以上になる場合はホチキスでとめる

- 左側を2か所とめる。
- 開いた境目にすべて契印する。申請する相続人が複数でも、そのうち1人の契印でよい。

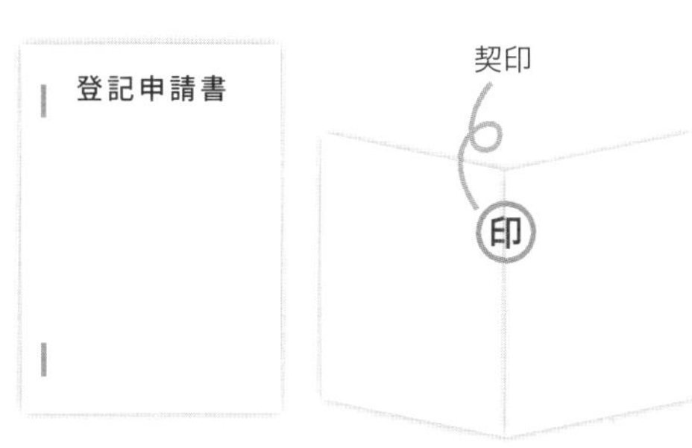

様式は、法務局ホームページ（https://houmukyoku.moj.go.jp/）からダウンロードできます。

登記申請書の記入ポイント

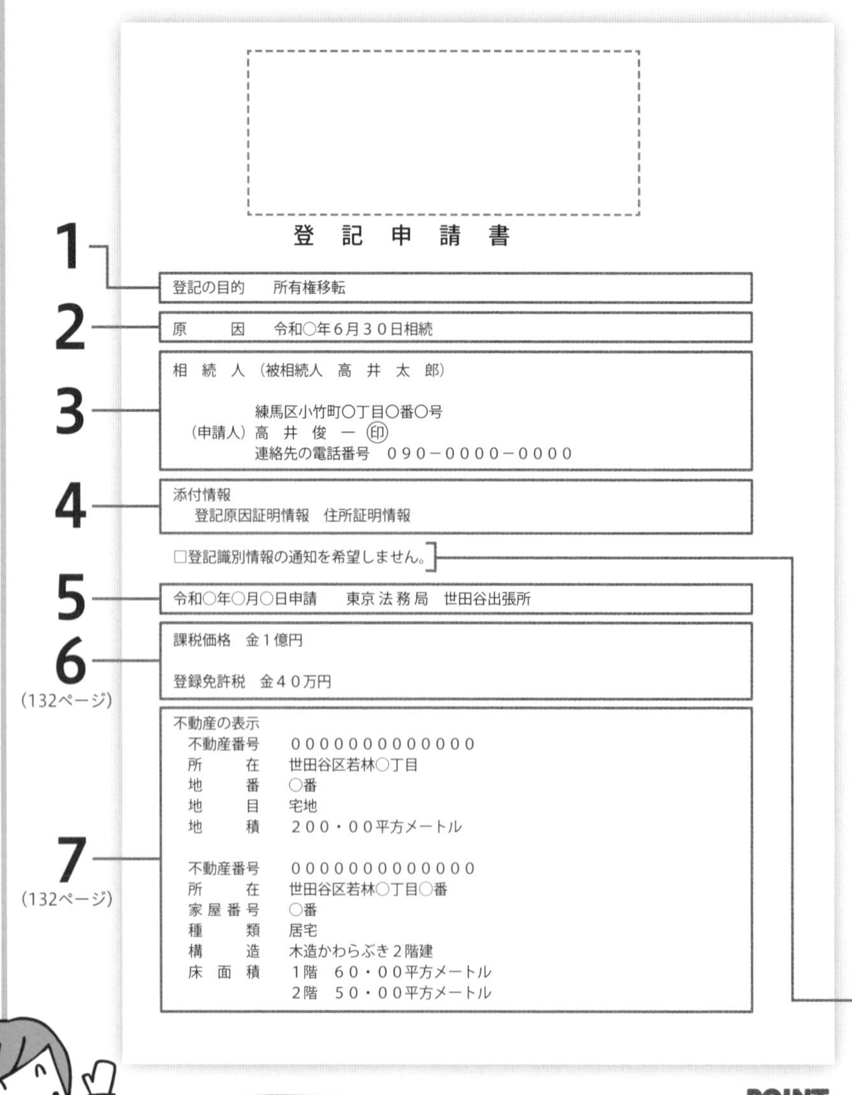

登　記　申　請　書

1 登記の目的　所有権移転

2 原　　因　令和○年6月30日相続

3 相 続 人（被相続人　高　井　太　郎）

練馬区小竹町○丁目○番○号
（申請人）高　井　俊　一　㊞
連絡先の電話番号　090－0000－0000

4 添付情報
登記原因証明情報　住所証明情報

□登記識別情報の通知を希望しません。

5 令和○年○月○日申請　東京法務局　世田谷出張所

6（132ページ）
課税価格　金1億円
登録免許税　金40万円

7（132ページ）
不動産の表示
不動産番号　0000000000000
所　　在　世田谷区若林○丁目
地　　番　○番
地　　目　宅地
地　　積　200・00平方メートル

不動産番号　0000000000000
所　　在　世田谷区若林○丁目○番
家屋番号　○番
種　　類　居宅
構　　造　木造かわらぶき2階建
床 面 積　1階　60・00平方メートル
　　　　　2階　50・00平方メートル

次のページから番号の順に解説します。

POINT

「登記原因証明情報」の後に、（法定相続情報番号 0000-00-00000）を記載すると、法定相続情報一覧図の提出を省略できる（→ 112 ページ注）。

1「登記の目的」

「所有権移転」とする

- 共有名義の持分を相続する場合は、「○○○○（被相続人の氏名）持分全部移転」とする。

2「原因」

相続開始の日（被相続人が亡くなった日）を記入する。「相続」とつけ加える

- 遺産分割協議が成立した日などではない。

3「相続人」

亡くなった人（被相続人）の氏名を記入する

- 「被相続人○○○○（亡くなった人の氏名）」として、（　）で囲む。

不動産を相続する相続人の住所・氏名、電話番号を記入する

- 相続人（申請人）は押印する（認印も可）。
- 住所は住民票の記載の通りにする。
- 住民票に記載された「住民票コード」を記入した場合は、住民票の提出を省略できる。

注意！ 申請書に使用する数字はアラビア数字が基本だが、○丁目の部分のみ漢数字を使う。

注意！ 電話番号は、平日の日中に法務局からの問い合わせに対応できる番号を記入する。

4「添付情報」

「登記原因証明情報　住所証明情報」などと記入する

- 代理人に手続きを依頼する場合は、「代理権限証明情報」という文言も記入する。
- それぞれが意味する内容は128ページ参照。

添付情報の内訳はケースにより異なります。135～137ページで確認してみてください。

——— 登記識別情報の通知を希望しない場合にチェックを入れる（通常はチェックしない）。

5「申請年月日」「管轄の法務局」

登記申請する年月日と申請する法務局（登記所）を記入する

- 郵送の場合、申請年月日は空欄でもよい。

6 「課税価格」「登録免許税」

課税価格は、固定資産評価証明書などに記載された価格を記入する（1000 円未満切り捨て）

登録免許税は 139 ページの計算により記入する

POINT

郵送申請の場合は、6 と 7 の間に以下の文言を記入する。

その他の事項	送付の方法により登記識別情報通知書および登記完了証の交付、原本還付書類の返還を希望します。
送付先の区分	申請人の住所

7 「不動産の表示」

登記の対象となる不動産を記入する

- 登記事項証明書の表題部の記載の通りに記入する。
- 土地や建物の不動産番号を記入した場合は、土地なら、所在、地番、地目及び地積、建物なら、建物の所在、家屋番号、種類、構造及び床面積の記入を省略できる。

※本書ではわかりやすさのため、不動産番号とともに具体的な表示も合わせて記入している。

参考 登記事項証明書から、赤文字にしている部分の記載を転記する

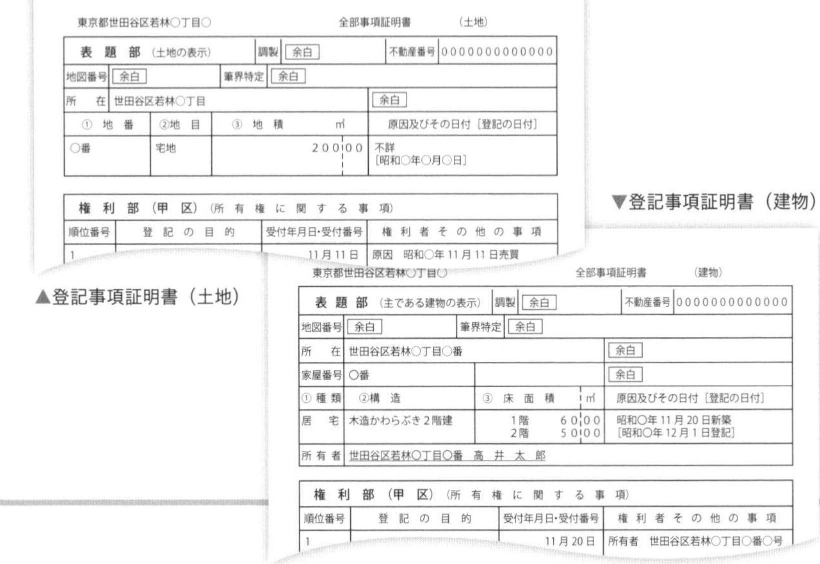

東京都世田谷区若林○丁目○　　全部事項証明書　　（土地）

表題部（土地の表示）		調製	余白	不動産番号	0000000000000
地図番号	余白	筆界特定	余白		
所在	世田谷区若林○丁目				余白
①地番	②地目	③地積 ㎡		原因及びその日付［登記の日付］	
○番	宅地	200 00		不詳 ［昭和○年○月○日］	

権利部（甲区）（所有権に関する事項）			
順位番号	登記の目的	受付年月日・受付番号	権利者その他の事項
1		11月11日	原因　昭和○年11月11日売買

▲登記事項証明書（土地）

▼登記事項証明書（建物）

東京都世田谷区若林○丁目○　　全部事項証明書　　（建物）

表題部（主である建物の表示）		調製	余白	不動産番号	0000000000000
地図番号	余白	筆界特定	余白		
所在	世田谷区若林○丁目○番				余白
家屋番号	○番				余白
①種類	②構造	③床面積 ㎡		原因及びその日付［登記の日付］	
居宅	木造かわらぶき2階建	1階 60 00 2階 50 00		昭和○年11月20日新築 ［昭和○年12月1日登記］	
所有者	世田谷区若林○丁目○番　高井太郎				

権利部（甲区）（所有権に関する事項）			
順位番号	登記の目的	受付年月日・受付番号	権利者その他の事項
1		11月20日	所有者　世田谷区若林○丁目○番○号

マンション（敷地権付区分建物）の場合の「不動産の表示」

※専有部分と敷地部分が一体化して登記されているマンションの例。

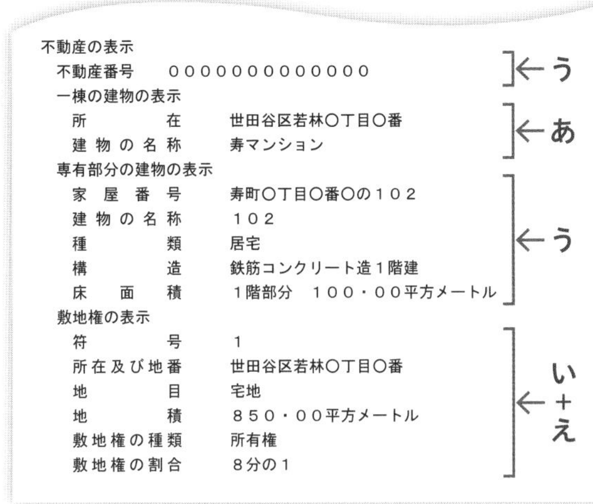

不動産の表示
　不動産番号　　０００００００００００００
　一棟の建物の表示
　　所　　　　在　　世田谷区若林○丁目○番
　　建 物 の 名 称　　寿マンション
　専有部分の建物の表示
　　家 屋 番 号　　寿町○丁目○番○の１０２
　　建 物 の 名 称　　１０２
　　種　　　　類　　居宅
　　構　　　　造　　鉄筋コンクリート造１階建
　　床　面　積　　１階部分　１００・００平方メートル
　敷地権の表示
　　符　　　　号　　１
　　所在及び地番　　世田谷区若林○丁目○番
　　地　　　　目　　宅地
　　地　　　　積　　８５０・００平方メートル
　　敷地権の種類　　所有権
　　敷地権の割合　　８分の１

一棟の建物の表示→専有部分の建物の表示→敷地権の表示の順に記入する

- 登記事項証明書（表題部・下のあ、い、う、え部分）から転記する。
- 登記事項証明書に全体の「建物の名称」がない場合は、全体の構造と床面積を記入する。
- 不動産番号を記入した場合は、敷地権の種類、敷地権の割合以外の記入を省略できる。

※本書ではわかりやすさのため、不動産番号とともに具体的な表示も合わせて記入している。

参考 登記事項証明書から、赤文字にしている部分の記載を転記する

▼登記事項証明書（マンション）

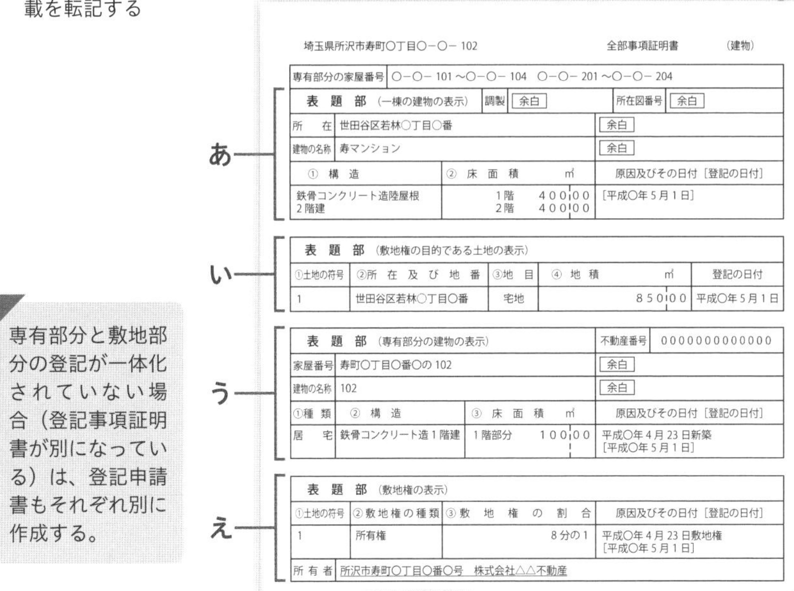

埼玉県所沢市寿町○丁目○－○－ 102　　全部事項証明書　　（建物）

専有部分の家屋番号	○－○－ 101 ～○－○－ 104　○－○－ 201 ～○－○－ 204

あ

表　題　部（一棟の建物の表示）	調製	余白	所在図番号	余白
所　在	世田谷区若林○丁目○番		余白	
建物の名称	寿マンション		余白	
① 構 造	② 床 面 積 ㎡		原因及びその日付［登記の日付］	
鉄骨コンクリート造陸屋根 2階建	1階 400 00 2階 400 00		［平成○年５月１日］	

い

表　題　部（敷地権の目的である土地の表示）				
①土地の符号	②所 在 及 び 地 番	③地 目	④ 地 積 ㎡	登記の日付
1	世田谷区若林○丁目○番	宅地	850 00	平成○年５月１日

う

表　題　部（専有部分の建物の表示）			不動産番号	000000000000
家屋番号	寿町○丁目○番○の 102		余白	
建物の名称	102		余白	
①種 類	② 構 造	③ 床 面 積 ㎡	原因及びその日付［登記の日付］	
居　宅	鉄骨コンクリート造１階建	１階部分 100 00	平成○年４月 23 日新築 ［平成○年５月１日］	

え

表　題　部（敷地権の表示）			
①土地の符号	②敷地権の種類	③敷 地 権 の 割 合	原因及びその日付［登記の日付］
1	所有権	８分の１	平成○年４月 23 日敷地権 ［平成○年５月１日］
所 有 者	所沢市寿町○丁目○番○号　株式会社△△不動産		

注意！

専有部分と敷地部分の登記が一体化されていない場合（登記事項証明書が別になっている）は、登記申請書もそれぞれ別に作成する。

「遺言」「遺産分割協議」「法定相続」により違いがある

相続のしかたにより、登記申請書の書き方や必要書類は同じではない。自分のケースについて具体的に確認しよう。

■ 基本的な記入方法は変わらない

具体的な登記申請書の記入例を見てみましょう。遺言書による相続、遺産分割協議による相続、法定相続による相続という3つのケースごとに、それぞれのポイントを確認します。

登記申請書の記入方法はおおよそ同じです。ただし、共有名義になる場合は持分の記入のしかたに注意します（→ 137 ページ）。また、それぞれのケースで証明が必要になる範囲が違うため、必要書類（添付情報）が異なります。たとえば、遺言による相続と遺産分割協議や法定相続による相続では、亡くなった人の生まれてから亡くなるまでの戸籍の要・不要などが異なります。相続関係説明図（→ 112 ページ）は、不動産を相続する人／しない人の区別などに注意して作成してください。

法務局のホームページで用意されている様式は、上記のケースがすべてそろっているので、該当するものを使いましょう。

もっと知りたい

共有名義の持分を相続した場合

亡くなった人がほかの人と不動産を共有していて、その持分を相続するケースがあります。この場合、登記の目的は「○○○○（被相続人の氏名）持分全部移転」として、その持分割合（「持分○分の○」）を相続人の氏名の前に記入します。また、登録免許税はその持分割合で計算して、課税価格の金額の前に「移転した持分の価格」と記入します。

「遺言による相続」の登記申請書例

条件 亡くなった人（被相続人）は阿部一郎。相続人は阿部春樹、阿部次郎。遺言により阿部春樹が単独でマンション（１部屋）を相続する。

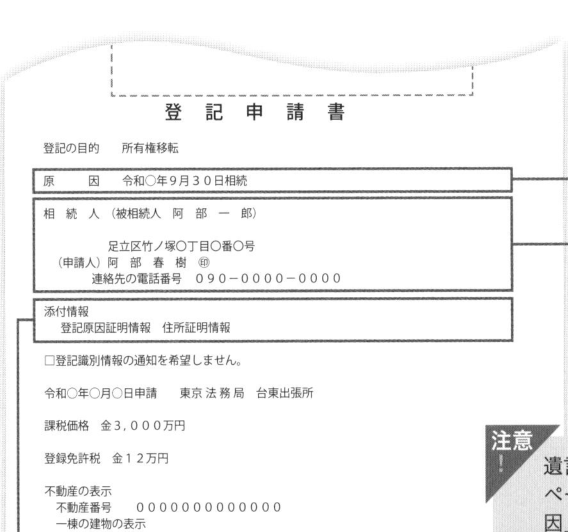

登　記　申　請　書

登記の目的　所有権移転

原　　因　令和○年9月30日相続

相 続 人（被相続人 阿 部 一 郎）

足立区竹ノ塚○丁目○番○号
（申請人）阿 部 春 樹 ㊞
連絡先の電話番号　090－0000－0000

添付情報
登記原因証明情報　住所証明情報

□登記識別情報の通知を希望しません。

令和○年○月○日申請　東京法務局　台東出張所

課税価格　金3,000万円

登録免許税　金12万円

不動産の表示
不動産番号　000000000000
一棟の建物の表示
所　　在　台東区西浅草○丁目
建物の名称　浅草マンション
専有部分の建物の表示
家屋番号　西浅草○丁目○番○の401
建物の名称　401
種　　類　居宅
構　　造　鉄筋コンクリート造4階建
床 面 積　4階部分　60・00平方メートル
敷地権の表示
符　　号　1
所在及び地番　台東区西浅草○丁目○番
地　　目　宅地
地　　積　850・00平方メートル
敷地権の種類　所有権
敷地権の割合　1000分の30

「原因」の日付は被相続人が亡くなった日（遺言書が書かれた日ではない）。

相続人（申請人）は、遺言により不動産を取得する相続人。

● 共有名義となる場合の記入は137ページ参照。

注意！

遺言書による遺贈(→39ページ）の場合は、「原因」が相続でなく「遺贈」となり、相続人でなく「権利者」、被相続人でなく「義務者」にするなど、記入のしかたが異なる。法務局のホームページなどで確認を。

注・遺贈で不動産を取得した相続人は、単独で所有権移転登記を申請できる。

このケースの添付情報（必要書類）

登記原因証明情報

- 遺言書（自筆証書遺言なら検認済証明書も必要）
- 亡くなった人の戸籍謄本（死亡時のもの）、住民票の除票、不動産を取得した相続人の戸籍謄本（抄本）

住所証明情報

- 不動産を取得した相続人の住民票、または戸籍の附票

その他

- 固定資産評価証明書

「遺産分割協議による相続」の登記申請書例

条件 亡くなった人（被相続人）は高井太郎。相続人は高井紀子、高井俊一、沢田麻子。遺産分割協議により、高井俊一が単独で自宅不動産を取得する。

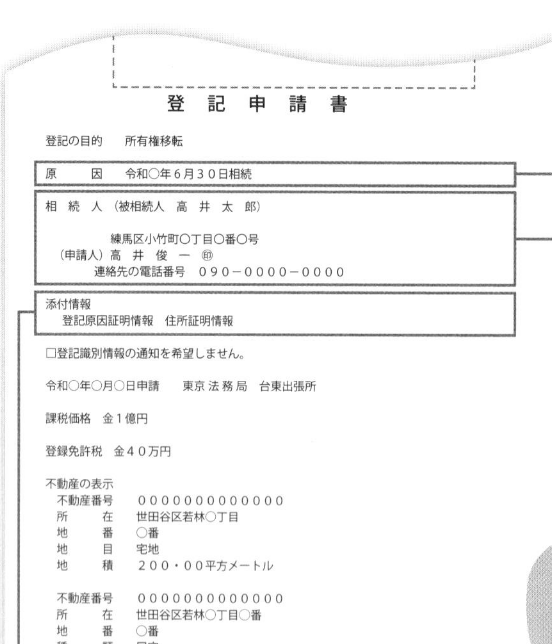

登　記　申　請　書

登記の目的　所有権移転

原　因　令和○年6月30日相続

相　続　人（被相続人　高　井　太　郎）

練馬区小竹町○丁目○番○号
（申請人）高　井　俊　一　㊞
連絡先の電話番号　090－0000－0000

添付情報
登記原因証明情報　住所証明情報

□登記識別情報の通知を希望しません。

令和○年○月○日申請　東京法務局　台東出張所

課税価格　金1億円

登録免許税　金40万円

不動産の表示
不動産番号　0000000000000
所　在　世田谷区若林○丁目
地　番　○番
地　目　宅地
地　積　200・00平方メートル

不動産番号　0000000000000
所　在　世田谷区若林○丁目○番
地　番　○番
種　類　居宅
構　造　木造かわらぶき2階建て
床面積　1階　60・00平方メートル
1階　50・00平方メートル

「原因」の日付は被相続人が亡くなった日（遺産分割協議が成立した日ではない）。

相続人（申請人）は、協議により不動産を取得する相続人。

● 共有名義となる場合の記入のしかたは137ページ参照。

協議が長引きそうなら、相続人申告登記（→30ページ）を検討します。

このケースの添付情報（必要書類）

登記原因証明情報

- 遺産分割協議書と相続人全員の印鑑証明書
- 亡くなった人の生まれてから亡くなるまでの戸籍謄本、住民票の除票、相続人全員の戸籍謄本（抄本）

住所証明情報

- 不動産を取得した相続人の住民票、または戸籍の附票

その他

- 固定資産評価証明書

「法定相続による相続」の登記申請書例

条件 亡くなった人（被相続人）は安井章夫。相続人安井美香、北沢順子、安井幸一が、自宅不動産を法定相続分により分割して、共有名義とする。

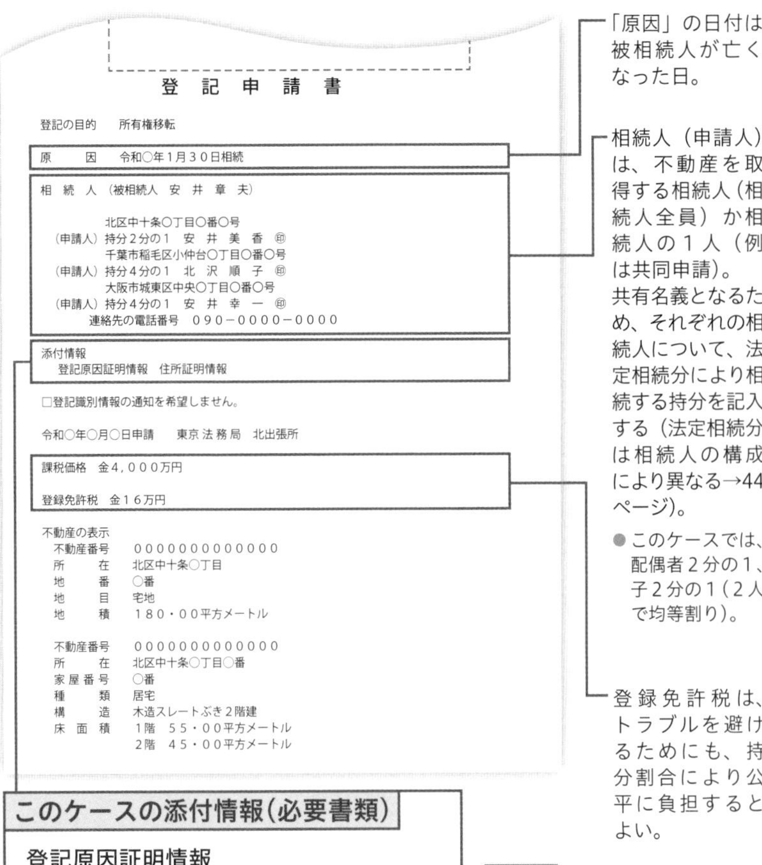

登　記　申　請　書

登記の目的　所有権移転

原　　因　令和○年1月30日相続

相　続　人　（被相続人　安　井　章　夫）

北区中十条○丁目○番○号
（申請人）持分2分の1　安　井　美　香　㊞
千葉市稲毛区小仲台○丁目○番○号
（申請人）持分4分の1　北　沢　順　子　㊞
大阪市城東区中央○丁目○番○号
（申請人）持分4分の1　安　井　幸　一　㊞
連絡先の電話番号　090－0000－0000

添付情報
登記原因証明情報　住所証明情報

□登記識別情報の通知を希望しません。

令和○年○月○日申請　東京法務局　北出張所

課税価格　金4,000万円

登録免許税　金16万円

不動産の表示
不動産番号　0000000000000
所　　在　北区中十条○丁目
地　　番　○番
地　　目　宅地
地　　積　180・00平方メートル

不動産番号　0000000000000
所　　在　北区中十条○丁目○番
家屋番号　○番
種　　類　居宅
構　　造　木造スレートぶき2階建
床 面 積　1階　55・00平方メートル
　　　　　2階　45・00平方メートル

「原因」の日付は被相続人が亡くなった日。

相続人（申請人）は、不動産を取得する相続人（相続人全員）か相続人の１人（例は共同申請）。
共有名義となるため、それぞれの相続人について、法定相続分により相続する持分を記入する（法定相続分は相続人の構成により異なる→44ページ）。

- このケースでは、配偶者２分の１、子２分の１（２人で均等割り）。

登録免許税は、トラブルを避けるためにも、持分割合により公平に負担するとよい。

このケースの添付情報（必要書類）

登記原因証明情報

- 亡くなった人の生まれてから亡くなるまでの戸籍謄本、住民票の除票、相続人全員の戸籍謄本（抄本）

住所証明情報

- 相続人全員の住民票、または戸籍の附票

その他

- 固定資産評価証明書

注意！

不動産が共有名義で、その持分を相続するケースでは、必ず登記申請書にその持分を記入する（→134ページ「もっと知りたい」）。

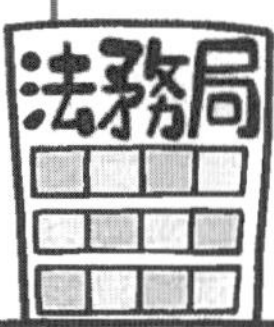

登記には税金がかかり、一般に収入印紙で納める

登録免許税は登記に対してかかる税金。通常、台紙に必要額の収入印紙を貼って申請書と一緒に提出する。

■ 不動産の価格で税額が決まる

登記には、登記申請書1通ごとに登録免許税という税金がかかります。**課税価格×税率により計算します。**課税価格とは、不動産価格を1000円未満切り捨てした金額です。不動産価格は固定資産評価証明書などで確認できます。**税率は相続登記の場合0.4%です。**

不動産価格は年度ごとに変わるため、その年度の価格により計算することに注意します。持分を相続する場合は､その持分割合分の税額を計算します。

また複数の不動産があって2通以上の登記申請書で申請する場合、それぞれに登録免許税がかかります。1通の申請書で申請する場合（自宅の土地と建物など）は、その不動産価格の合計に課税されます。

マンションの場合、専有部分と敷地部分（持分）の価格の合計額に課税されます。ただし、専有部分と敷地部分が別に登記されているケースでは、登記申請を別に行うことになり、登録免許税もそれぞれに計算します。

■ 収入印紙により納める

登録免許税は一般に収入印紙で納めます（現金納付の方法もある)。**台紙を用意して税額分の収入印紙を貼り、登記申請書とホチキスでとめて提出します。**収入印紙は郵便局などで買えるほか、多くの法務局で印紙売り場が設けられています。提出前に購入して貼れば手間がかかりません。

ひとくちメモ	**ほかの登記の税率**　登録免許税の税率は、売買による所有権移転登記の場合、土地1.5%、建物0.1～0.3%など（いずれも軽減税率)。相続登記ではやや優遇されている。

登録免許税の計算

相続登記の登録免許税

課税価格（1000 円未満切り捨て）

不動産価格（固定資産税評価額）。

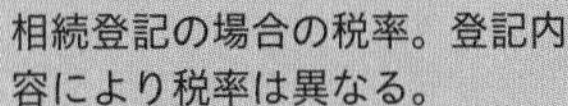

登録免許税（100 円未満切り捨て）

計算結果が 1000 円未満なら 1000 円。

端数の扱いに注意

※不動産価格 2345 万 6780 円の計算例。

不動産価格

23,456,780 円

1000 円未満切り捨て

課税価格

23,456,000 円

税額の計算
23,456,000 円 × 0.4%

93,824 円

100 円未満切り捨て

税額

93,800 円

登録免許税は収入印紙で納める

税額分の収入印紙を A4 サイズの用紙（白紙）に貼る。作成後は、登記申請書とホチキスでとめて、境目に契印をする（→ 129 ページ）。

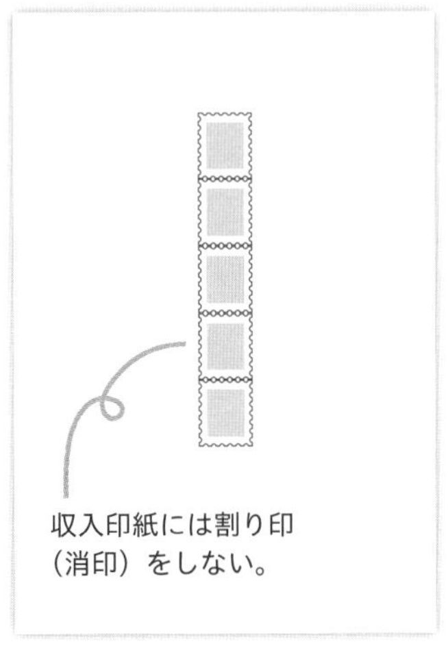

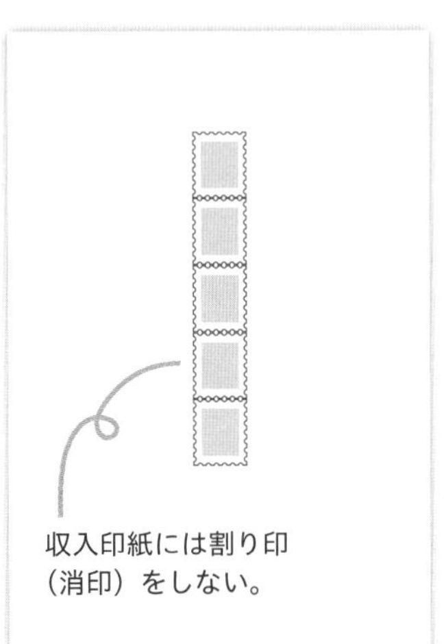

収入印紙には割り印（消印）をしない。

ケースによる登録免許税の計算例

共有名義の不動産の持分を相続した

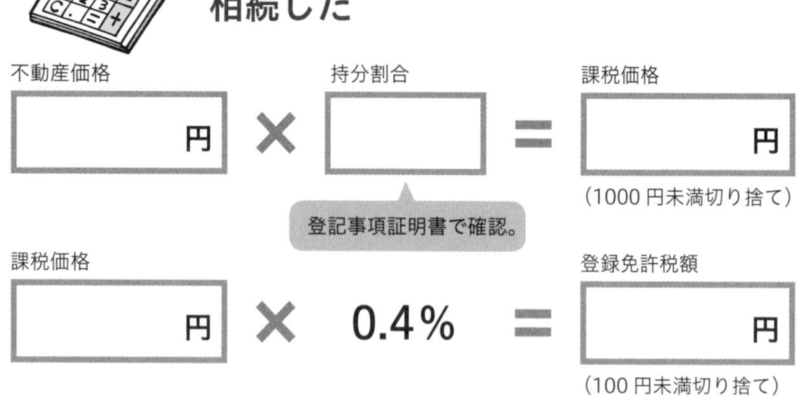

例　共有名義の不動産（価格3000万円）の持分３分の１を相続した。
3000万円×1/3＝1000万円　1000万円×0.4％＝登録免許税４万円

土地と建物などを１つの申請書で登記する

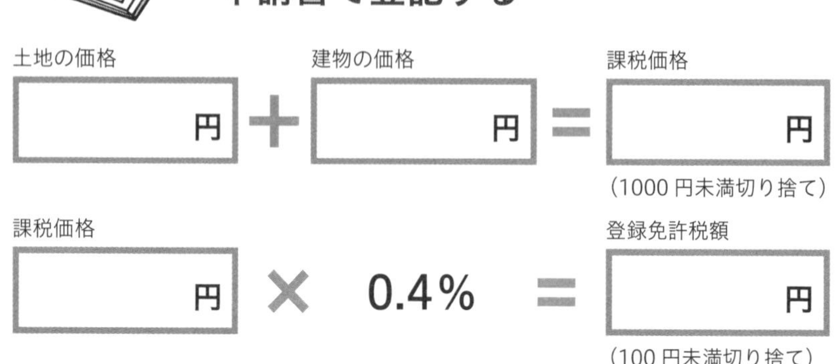

例　亡くなった人の自宅の土地（価格2500万円）と建物（価格1000万円）を相続した。
2500万円＋1000万円＝3500万円　3500万円×0.4％＝登録免許税14万円

※同じ法務局管轄の複数の不動産などを、１つの申請書で登記する場合も同様の計算となる。

マンション(敷地権付区分建物)を相続した

● 専有部分と敷地部分が一体化して登記されている場合。

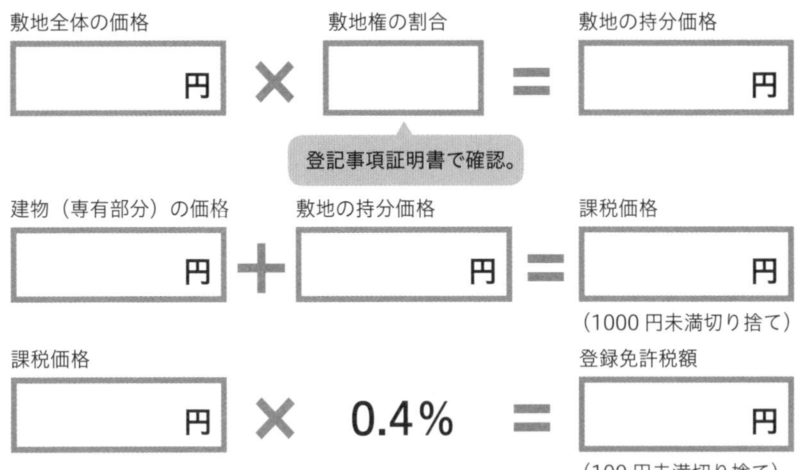

例 マンション１部屋（敷地全体の価格１億円、敷地権の割合 1000 分の 30、専有部分の価格 2700 万円）を相続した。

１億円×30/1000＝300万円　2700万円＋300万円＝3000万円
3000万円×0.4％＝登録免許税12万円

公衆用道路（私道）の持分などに注意

相続する不動産に公衆用道路(私道)*の持分などがある場合、ほかの不動産とは別に相続登記が必要となり、登録免許税も課税される(下のように計算)。ただし、142ページの措置で免税となることも多い。公衆用道路の持分などの有無は、固定資産評価証明書で確認できる。

＊一般の交通に用いられる、個人などが所有する道路。

1. 法務局で、価格算定の基準とする土地(近傍宅地（きんぼう）)を教えてもらう。
2. 近傍宅地の固定資産評価証明書で、１㎡当たりの近傍宅地の価格を計算する。
3. 公衆用道路の価格を計算する(１㎡当たりの近傍宅地の価格×公衆用道路の土地面積)。
4. 課税価格を計算する(③の価格×軽減措置30％。共有名義の場合は持分割合を掛ける)。
5. 税額を計算する(課税価格×0.4％)。

登録免許税は免税される場合がある

登録免許税には免税措置が設けられており、課税されないことがある。
ケースは限定されているが、その内容をつかんでおこう。

■ 数次相続の負担を軽減する

登録免許税には、相続登記の負担軽減のため免税措置が設けられています。

たとえば、祖父から土地を相続した父が相続登記をせずに亡くなったという場合、子がその土地を相続するには、通常、まず祖父から父に所有権を移転した後、父から子へ所有権を移転させるという2回の登記が必要です（数次相続→右ページ「もっと知りたい」）。こうした場合に、登録免許税の負担を軽減するため、**祖父から父への登記手続きについては登録免許税が免税となります。**ただし、建物はこの免税措置の対象外です（❶）。

■ 価値の低い土地は免税される

価値の低い土地について、相続登記の負担を軽減する措置もあります。**不動産価格（固定資産税評価額）が100万円以下なら、登録免許税は免税となるのです。**全国の土地が対象です。その土地に建物がある場合は、建物については課税されます。持分を相続する場合は、その持分割合の価格が100万円以下なら免税となります（❷）。

免税措置を受けるには、❶は、登記申請書の「登録免許税」欄に「登録免許税　租税特別措置法第84条の2の3第1項により非課税」と記入します。❷は、この文言の「第1項」を「第2項」とします。どちらも令和7年3月に申請する相続登記までの措置です。

ひとくちメモ　**売却後でも適用される**　本文の例で、父本人がその土地を相続登記をしないまま第三者に売却して亡くなったという場合も、その相続登記について登録免許税が免税となる。

免税措置には２つのケースがある

1 相続により土地を取得した人が、相続登記をせずに亡くなった場合

例

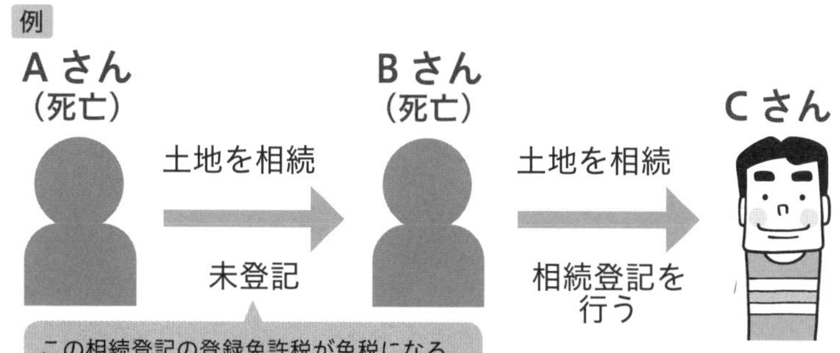

この相続登記の登録免許税が免税になる。

2 相続する土地の価格が 100 万円以下の場合

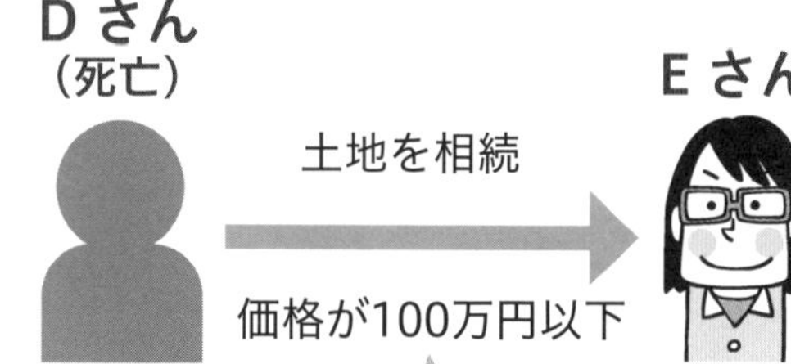

この相続登記の登録免許税が免税になる。

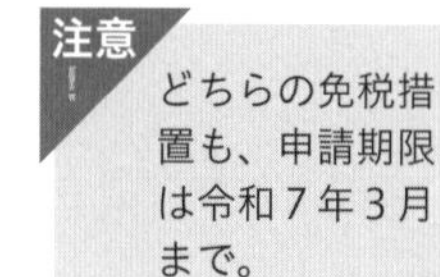

注意
どちらの免税措置も、申請期限は令和７年３月まで。

もっと知りたい

相続が続く「数次相続」は手続きが複雑

数次相続とは、ある人が亡くなって（相続開始）、遺産分割協議などが終わらないうちに次の相続が発生することです。たとえば、夫が亡くなった後その妻が亡くなる、祖父が亡くなった後その子が亡くなるといった場合です。２つの相続が重なって、相続人や相続財産の範囲などが複雑になります。相続登記の手続きは、専門家に依頼することを考えましょう。

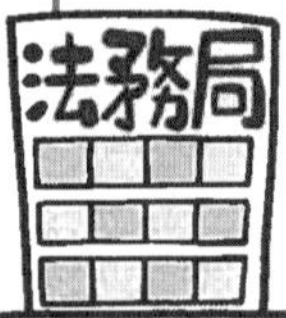

コピーを一緒に提出すれば原本を返してもらえる

ほかの相続手続きでも使いたい書類の原本は、原本とそのコピーを提出すると登記完了後に返してもらえる。

■ コピーした書類は１つにまとめる

相続登記の申請で提出する書類は、基本的にその原本です。しかしほかの相続手続きでも、相続の内容を証明する書類（通常は原本）を提出する必要があります。**そこで一定の書類については、申し出により返してもらうことができます。これを原本還付といいます。**原本還付をしてもらえる主な書類は、右ページのものです。

原本還付を受けるには、返してほしい書類についてすべてコピーをとり、コピーした書類をホチキスで１つにまとめた上で、すべてのページの境目に契印します。コピーの最初のページの余白には、原本と同じ書類である旨（「上記は原本と相違ありません」）と書いて署名・押印します。

これを原本とともに提出すると、登記完了後はコピーが法務局に保管されて、原本は返還されることになります。

■ 戸籍謄本ならコピー以外の方法がある

戸籍謄本（戸籍抄本、除籍謄本、改製原戸籍謄本を含む）も原本還付を受けられますが、一般に枚数が多くコピーするのもたいへんです。

そこで**戸籍謄本については、相続関係説明図を作成して一緒に提出すれば、コピーを用意しなくても原本が返還されます。**また、法定相続情報証明制度を利用して、戸籍謄本の提出を省略する方法もあります（→ 112 ページ）。

ひとくちメモ	**登記申請書は対象外**　登記申請書や委任状など、その登記申請のためだけに作成した書類などは原本還付の対象外。対象かどうかわからない書類があれば、事前に法務局に確認を。

原本還付書類作成の手順

原本還付の対象となる主な書類

- □ 遺産分割協議書
- □ 相続人の印鑑証明書
- □ 遺言書
- □ 住民票（亡くなった人のもの、相続人のもの）
- □ 戸籍の附票
- □ 固定資産評価証明書

注・戸籍謄本も原本還付の対象だが、相続関係説明図を添付すれば、コピーを用意しなくても原本を返還してもらえる。

▼

書類をコピーする

コピー用紙はA4サイズ（縦）でそろえると扱いやすい。

▼

コピーした書類をホチキスでとめる

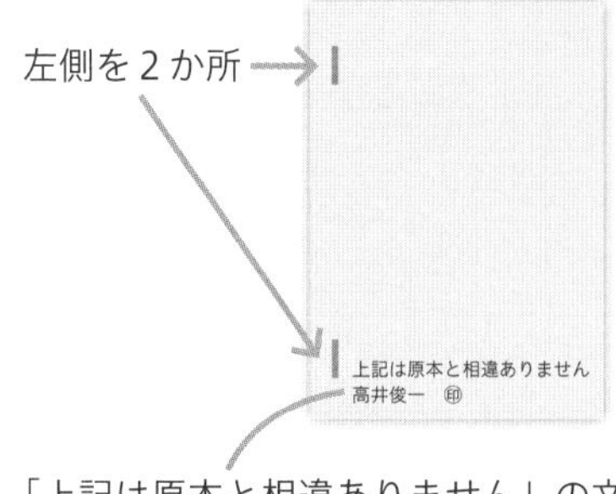

「上記は原本と相違ありません」の文言＋署名・押印。

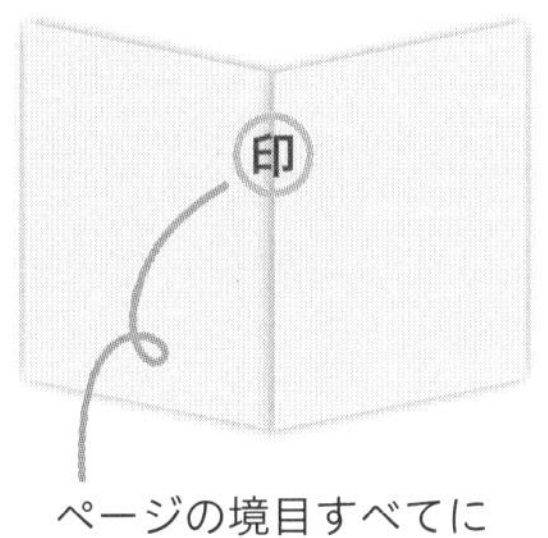

ページの境目すべてに契印する。

- 最初のページに記入する。
- 押印は登記申請書で使用した印鑑と同じもの。

参考

相続関係説明図の添付で還付される書類

- □ 亡くなった人の戸籍謄本
- □ 相続人の戸籍謄本（抄本）

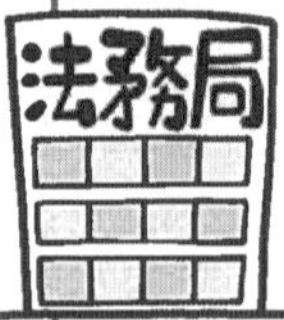

書類はグループ分けをしてわかりやすくまとめる

ケースにもよるが、申請書類はさまざまな種類と枚数になる。スムーズに確認してもらえるようグループ分けしてまとめる。

■ ホチキスやクリップでまとめる

登記申請では多くの書類を提出することになります。そのため、**書類がすべてそろったら、法務局が確認するときにわかりやすいよう、書類を整理して１つにまとめます。**この作業を「申請書類の組み上げ」ともいいます。

厳密なルールがあるわけではありませんが、**ただ１つにまとめるだけでなく、書類の内容ごとにグループ分けをするのがポイントです。**たとえば、申請書と収入印紙の台紙、原本還付のためのコピー書類、原本書類などに分けて、それぞれのグループをホチキスでとめます。枚数が多い場合などは、クリップを使ったり、クリアファイルなどに入れてもかまいません。

グループ分けした書類は、最終的に大きめのクリップなどで１つにまとめます。これで申請書類一式の完成です。グループなどがバラバラにならないようにまとめるには、作成する書類の用紙サイズを統一しておくこともポイントです（通常はA4サイズ）。まとめ方例は148ページを参照してください。

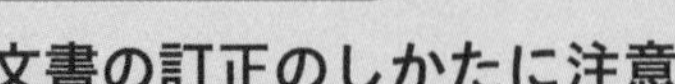

文書の訂正のしかたに注意

登記申請書などの誤字・脱字や記入内容の間違いの修正は、パソコンによる作成なら比較的簡単ですが、手書きや署名・押印後の書類では、その箇所に二重線を引き、そのそばに正しい文字などを記入することで訂正します。訂正後、二重線の上に訂正印を押すほか、書類の余白に押印して「○字（修正した字数）訂正」などと記載する方法もあります。

提出前の最終チェック表

作成してまとめた申請書類は、提出前に再度チェックしておこう。

登記申請書	□	申請する法務局は合っているか。
	□	連絡先の電話番号は記載しているか。
	□	申請者の署名の後に押印しているか。
	□	登記申請書が２枚以上の場合、すべてのページの境目に契印がされているか。
登録免許税	□	税額の計算は合っているか。
	□	正しい金額の収入印紙を貼っているか。
原本還付	□	原本還付書類のコピーにもれはないか。
	□	原本還付の記載（「上記は原本と相違ありません」）を忘れていないか。
添付情報	□	必要書類（添付情報）にもれはないか。
まとめ方	□	登記申請書と収入印紙を貼った台紙はホチキスどめされているか。
	□	登記申請書と収入印紙を貼った台紙、相続関係説明図、コピーした書類はホチキスどめされているか。

提出する書類はこうまとめる（例）

❶ この順番で重ねてグループごとにホチキスでとめる

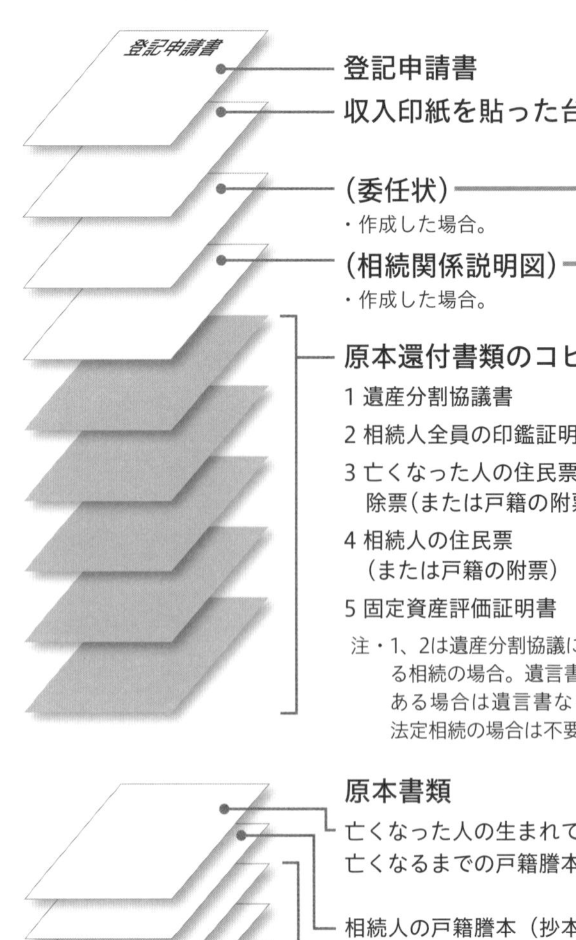

❷ すべての書類をクリップなどでまとめる

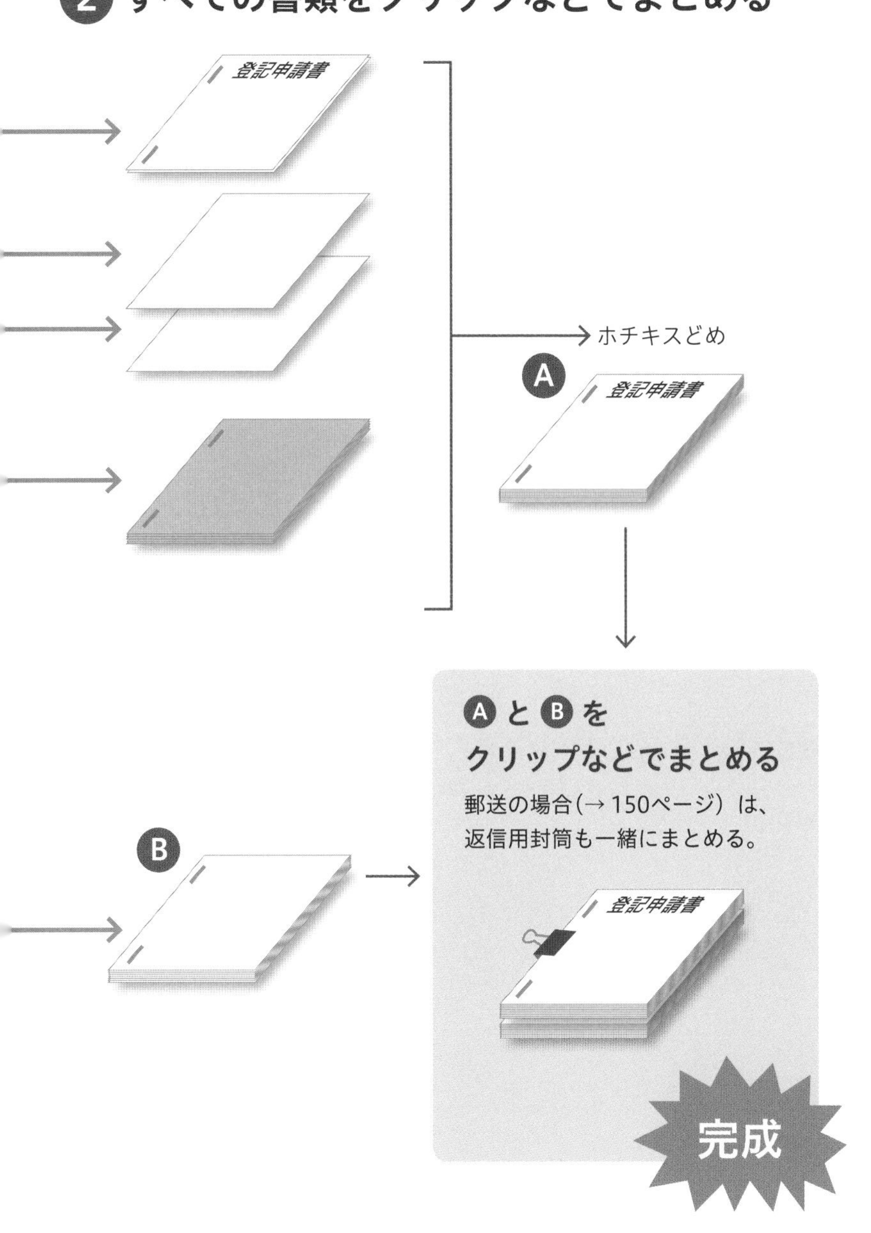

Ⓐ と Ⓑ を
クリップなどでまとめる

郵送の場合（→ 150ページ）は、返信用封筒も一緒にまとめる。

パート5 法務局に相続登記を申請しよう

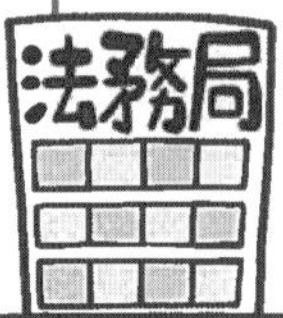

窓口に持参するほか郵送やオンラインも可能

法務局に申請する方法は、窓口申請、郵送申請、オンライン申請がある。最も確実なのは窓口申請。

■登記完了予定日を確認しておく

申請書類がまとまったら、その不動産の所在地を管轄する法務局に提出します。管轄の法務局は、法務局ホームページなどで調べられます。

窓口で直接申請する場合は申請書類一式に加え、その場で訂正できるよう印鑑を持っていきます。事前の予約などにより、窓口で申請内容や必要書類について相談できる場合もあるため、最も確実な提出方法といえます。

提出したときには、「受付番号」を確認してメモしておきます。後日問い合わせを行う場合などで必要になります。また窓口などで、登記完了予定日も確認しておきましょう。

■郵送申請は書留などで行う

時間の都合がつかず窓口申請が難しい、管轄の法務局が遠いといった場合は、郵送申請もできます。書留郵便などにより、書類一式を入れた封筒の表に、宛名とともに「不動産登記申請書在中」と書いて送付します。また、登記完了の書類を郵送で受け取りたいときは、登記申請書にその旨を記入して（→132ページ）、必要額の切手を貼った返信用封筒を同封します（→156ページ）。

そのほか、インターネットを利用したオンライン申請も可能です。ただし、事前にパソコンの設定や電子証明書の取得などが必要です。

ひとくちメモ	**申請書には捨印（すていん）を**　申請書の余白などに、申請する人全員の捨印（申請書に使用した印鑑で押印する）をしておくと、補正などの際、簡単な修正ならすぐに対応できる。

3つの申請方法のメリットとデメリット

申請方法	内容		メリット・デメリット
窓口申請	登記申請書一式と印鑑（申請書に使用したもの）を持参する。		提出前に相談などができる（要予約）。
			開庁時間に行く必要がある。
郵送申請	書留郵便などを利用する。完了書類を郵送で受け取る場合は、必要額の切手を貼った返信用封筒を同封する。		自分のタイミングで発送（申請）できる。
		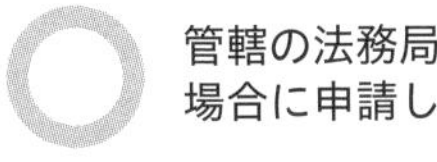	管轄の法務局が遠方の場合に申請しやすい。
			切手代などがかかる。
オンライン申請（→152ページ）	専用のソフトをインストールしてオンラインで申請する。		自宅などから申請できる（添付情報などは別途窓口持参や郵送の場合あり）。
			事前の設定や電子証明書の取得などに手間がかかる。

 忘れないようメモしておこう

受付番号	
登記完了予定日	年　　月　　日

自宅などからインターネットを使って申請できる

自宅などからインターネットを通じて申請するオンライン申請は、便利だが事前準備などがやや面倒なので、事前によく検討しよう。

■ 必要書類は郵送することも

インターネットを利用したオンライン申請なら、自宅などから登記申請ができます。登録免許税は、インターネットバンキングなどによる電子納付もできます。ただし、必要書類についてはデータ化するのが難しいものも多いため、申請後に窓口へ持参するか郵送することが多いようです（オンライン申請後２日以内）。

■ 電子署名が必要になる

オンライン申請では、法務局の「登記・供託オンライン申請システム」を利用して、まず登記のためのソフト（申請用総合ソフト）をパソコンにインストールします。市販されているソフトもありますが、基本的に専門家向けで高額です。

必要事項を入力して登記申請書を作成したら、署名・押印の代わりとなる電子署名をします。このとき、本人確認のための電子証明書の添付が必要になります（マイナンバーカードなど）。

オンライン申請では、パソコン操作に慣れていることはもちろん、事前にいろいろな設定をすることが必要です。業務として登記申請を行う司法書士などには便利ですが、**登記を行うのは人生で数回といった一般の人にとっては、あまり大きなメリットはないかもしれません。**

ひとくちメモ　**オンライン申請の補正**　オンライン申請では補正もオンラインで行う（補正情報を作成して送信する。電子署名などが必要）。メールによる連絡を見逃さないよう注意する。

オンライン申請の流れをチェック

▼「登記・供託オンライン申請システム」のトップ画面

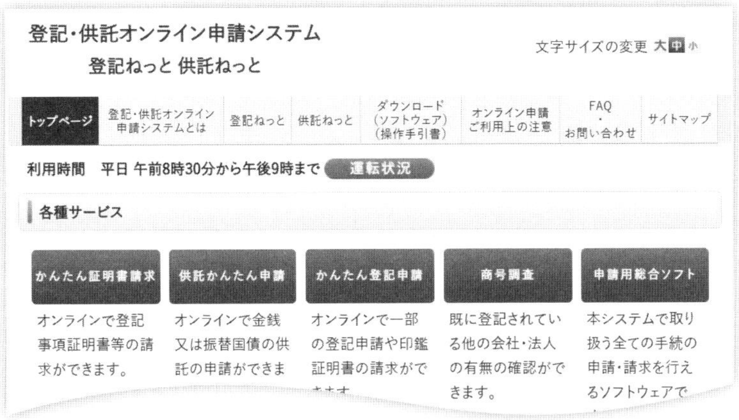

登記・供託オンライン申請システム
登記ねっと 供託ねっと
文字サイズの変更 大 中 小

トップページ	登記・供託オンライン申請システムとは	登記ねっと	供託ねっと	ダウンロード（ソフトウェア）（操作手引書）	オンライン申請ご利用上の注意	FAQ・お問い合わせ	サイトマップ

利用時間　平日 午前8時30分から午後9時まで　運転状況

各種サービス

かんたん証明書請求	供託かんたん申請	かんたん登記申請	商号調査	申請用総合ソフト
オンラインで登記事項証明書等の請求ができます。	オンラインで金銭又は振替国債の供託の申請ができま	オンラインで一部の登記申請や印鑑証明書の請求がで	既に登記されている他の会社・法人の有無の確認ができます。	本システムで取り扱う全ての手続の申請・請求を行えるソフトウェアで

事前準備

このホームページから申請者情報を登録して、申請者 ID とパスワードを取得する。その後、「申請用総合ソフト」をインストールする。

- オンライン申請では電子署名が必要。マイナンバーカード（電子証明書入り）＊[1]とそれを読み取る IC カードリーダライタ＊[2]を用意する。

＊1 電子証明書は認証機関を通じて取得することもできる。
＊2 家電量販店などで購入できる。

オンライン申請の手順　※必要書類を紙で提出する場合。

登記申請書を作成する

- 申請用総合ソフトにログイン（申請者 ID とパスワードを入力）して、画面の指示にしたがって申請情報を入力する。

「登記申請書（権利に関する登記）の(4) 所有権の移転（相続）【署名要】」を選択。

▼

登記申請書を送信する

- 必要書類（添付情報）はデータ化して送信もできるが、窓口持参や郵送することが多い。
- 登録免許税は電子納付もできる。
- 送信後に表示される「受付のお知らせ」は印刷しておく。

▼

必要書類(添付情報)を届ける

- 申請から２日以内に、窓口に持参するか書留などで郵送する。
- 必要書類の内容は、窓口申請や郵送申請の場合と同様。

▼

登記完了

- １～２週間で登記識別情報などが送られてくる（書面またはデータ）。

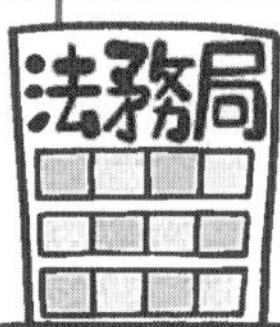

申請に不備があると訂正などを求められる

申請書類の間違いを法務局の指示により修正することを補正という。申請を取り下げて、申請をやり直すケースもある。

■ 法務局から連絡があることも

申請された内容は、法務局による確認・審査を受けます。内容に問題がなければ登記完了となりますが、誤字・脱字や記載内容の間違い、必要書類のもれなど、不備が見つかることもあります。

この場合、**法務局から修正について連絡があり、その指示にしたがって修正します。これを補正といいます。**原則として、その法務局に出向いて直接修正します。このとき、本人確認書類や印鑑が必要です。必要書類の添付もれなどなら、不足する書類を郵送すればすむ場合もあります。なお、オンライン申請の場合は、補正もオンラインで行います。

■ 取下げには取下書を提出する

誤りが重大で簡単に補正ができない場合は、申請は却下されて、**申請した人がいったん申請を取り下げることになります。これを取下げといいます。**取下げを行うときは「取下書」を作成して提出します。その後正しい内容に修正して再申請を行います。いったん納付した登録免許税については、「再使用証明」をしてもらえば再申請時に使用できます。

よくある不備には、印鑑の押し忘れや不明瞭な押印、必要書類の不足などがあります。遺産分割協議書など、複数の人の署名や押印がされた書類で不備が見つかると、修正に手間がかかるので十分注意しましょう。

ひとくちメモ	**法務局からの連絡への対応**　あわてず、「いつまでに、どんな修正が必要か」を確認する。こちらから問い合わせなどをする場合に備え、担当者の名前や連絡先などもメモしておく。

申請内容に不備が見つかったら

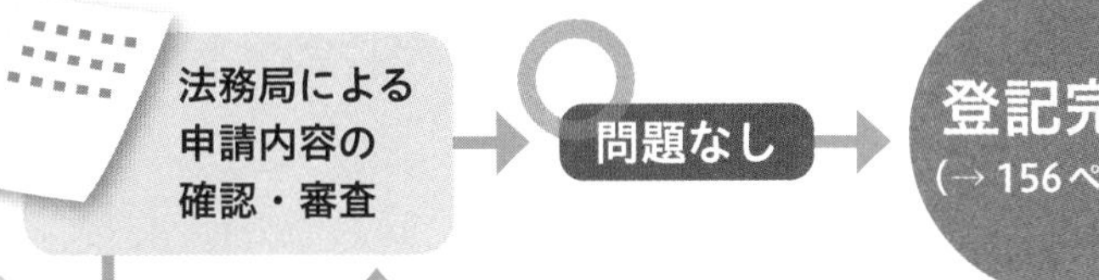

一部修正で対応できる場合

補正

法務局の指示にしたがって不備を修正する。

- 修正は、窓口へ行くほか、郵送、オンラインなど。窓口へ行く場合は、本人確認書類と印鑑を持参する。

一部修正では対応できない場合

却下、取下げ

いったん申請を取り下げて、修正した後にあらためて申請を行う。

- 修正箇所が多い、必要書類が抜けており取得に時間がかかるなど。
- 申請書類一式は返還される。
- 取下書を提出する。

▼取下書の例

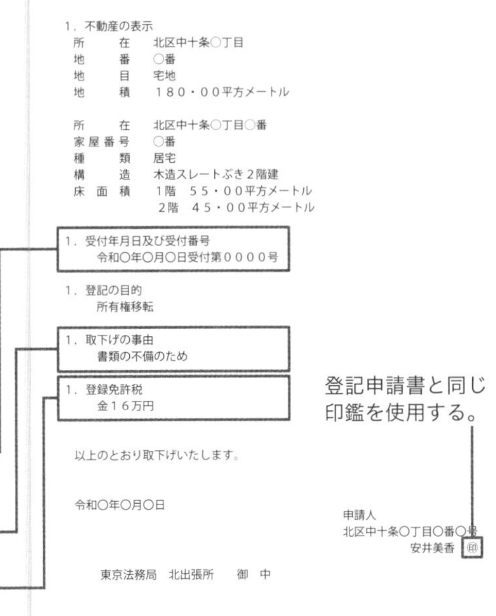

取　下　書

1．不動産の表示
所　在　北区中十条○丁目
地　番　○番
地　目　宅地
地　積　１８０・００平方メートル

所　在　北区中十条○丁目○番
家屋番号　○番
種　類　居宅
構　造　木造スレートぶき２階建
床面積　１階　５５・００平方メートル
　　　　２階　４５・００平方メートル

1．受付年月日及び受付番号
令和○年○月○日受付第００００号

1．登記の目的
所有権移転

1．取下げの事由
書類の不備のため

1．登録免許税
金１６万円

以上のとおり取下げいたします。

令和○年○月○日

申請人
北区中十条○丁目○番○号
安井美香 ㊞

東京法務局　北出張所　御　中

法務局から登記識別情報を受け取る

登記が無事完了すると登記完了証と登記識別情報通知書が交付され、原本還付書類が戻ってくる。

■ 1週間～ 10 日程度で完了

申請書類に不備がなければ、通常1週間から10日程度で手続きは完了します。登記手続きの完了予定日は、申請時に法務局の窓口で確認しておくほか、法務局のホームページでも確認できます。

完了予定日になったら法務局の窓口に行き、登記完了証と登記識別情報通知書、原本還付書類を受け取ります *。本人確認書類（運転免許証など）、受付番号のメモ、印鑑（登記申請で使用したもの）を持参します。郵送で受け取ることもできます（→「もっと知りたい」）。

登記完了証は登記の完了を知らせる書類、登記識別情報通知書は登記識別情報（12ケタの符号）により、所有者などをあきらかにする書類です（オンライン化前の権利証にあたる）。不動産1筆（1個）につき1通、所有者ごとに発行されます。たとえば、2人の相続人が建物と土地の相続登記をすると計4通が発行されます。

もっと知りたい

郵送で受け取る場合の手続き

登記完了の書類一式を郵送で受け取る場合は、登記申請書に「送付の方法による交付を希望する旨」を記入しておきます（→132ページ）。このとき、必要額の切手を貼り送付先を書いた返信用封筒を、申請書類と一緒に提出します。「本人限定受取」などで送付されるため、必要な切手の金額は事前に法務局や郵便局に確認しておきましょう。

＊予定日は遅れる場合もある。また、登記完了から3か月以内に受け取らないと交付されなくなるので注意。

登記完了で受け取る書類

次の書類を受け取る

- □ 登記完了証
- □ 原本還付書類
- □ 登記識別情報通知書

登記完了証（書面申請）

次の登記申請が完了したことを通知します。

申請受付年月日	令和〇年〇月〇日	
申請受付番号	第 0000 号	
登記の目的	所有権移転	
登記の年月日	−	
不動産	土地	不動産番号　０００００００００００００ 世田谷区若林〇丁目〇番 宅地 ２００・００平方メートル
	建物	不動産番号　０００００００００００００ 世田谷区若林〇丁目〇番 家屋番号　〇番 居宅 木造かわらぶき２階建 １階　６０・００平方メートル ２階　５０・００平方メートル

（注）1 「登記の目的」欄に表示されている内容は、「不動産」欄の最初に表示されている不動産に記録されていた登記の目的です（権利に関する登記の場合に限ります。）。
2 「登記の年月日」欄は、表示に関する登記が完了した場合に記録されます。
3 「不動産」欄に表示されている不動産のうち、下線のあるものは、登記記録が閉鎖されたことを示すものです。
4 この登記完了証は、登記識別情報を通知するものではありません。

以上

令和〇年〇月〇日
東京法務局
登記官　　　冬 木 勘 太

登記完了証

登記申請した不動産について登記が完了したことを通知する。

- 登記申請時の受付年月日と受付番号が記載される。
- 所有者が複数（共有名義）の場合も１通しか発行されない。

登記識別情報通知書

登記の申請をした人が登記名義人であることを証明する。

- オンライン化される前の「権利証」にあたる重要書類。
- 登記識別情報は、シールや目隠しシートなどで隠されている。

原本還付書類

還付を指定した文書が、もれなく返還されているか確認する。

注意！

原則、次の登記申請までシールや目隠しシートは開けないこと。→

登記識別情報通知

次の登記識別情報について、下記のとおり通知します。

【不動産】
世田谷区若林〇丁目〇番の土地

【不動産番号】
０００００００００００００
【受付年月日・受付番号（又は順位番号）】
令和〇年〇月〇日受付　第００号
【登記の目的】
所有権移転
【登記名義人】
練馬区小竹町〇丁目〇番〇号
高井俊一

（以下余白）

＊下線のあるものは抹消事項であることを示す。

令和〇年〇月〇日
東京法務局
登記官　　　冬 木 勘 太

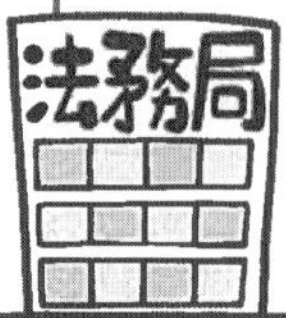

登記事項証明書を取得して内容を確認する

登記が完了したら、申請内容が正しく反映されているか、念のため登記事項証明書を取得して確認する。

■ 間違いがないかチェック

登記が完了して登記識別情報通知書などを受け取ったら、登記事項証明書を取得して登記内容を確認しましょう。

70ページの手続きにより登記事項証明書を取得します。窓口で完了書類を受け取った場合は、そのときに取得するとよいでしょう。

登記事項証明書で確認するのは、申請した内容が登記記録に正しく反映されているかどうかです。不動産の表示(所在や住所、氏名など)、権利部(甲区)の受付年月日・受付番号、権利者その他の事項の記載について、誤字・脱字も含めて間違いなどがないかよく確認します。

■ 登記識別情報通知書ともつき合わせる

受け取った登記識別情報通知書も同様に、登記事項証明書と同じ記載になっているかどうか確認しておきます。**登記識別情報はシールなどで隠されていますが、はがしたりせずに、次回の登記申請のときまでそのままの状態で保管します。**

登記識別情報通知書は、その不動産を売却したり、その不動産に抵当権を設定する場合などの必須書類となります。また原則として再発行はされません。他人の目に触れないよう大切に保管しましょう。貸金庫などを利用する方法もあります。

ひとくちメモ　**更正登記**　もしも登記記録に間違いがあった場合、法務局のミスなら連絡すれば修正されるが、申請書類にミスがあった場合は、更正登記（誤りを正す登記）が必要になる。

正しく変更されていることをチェック

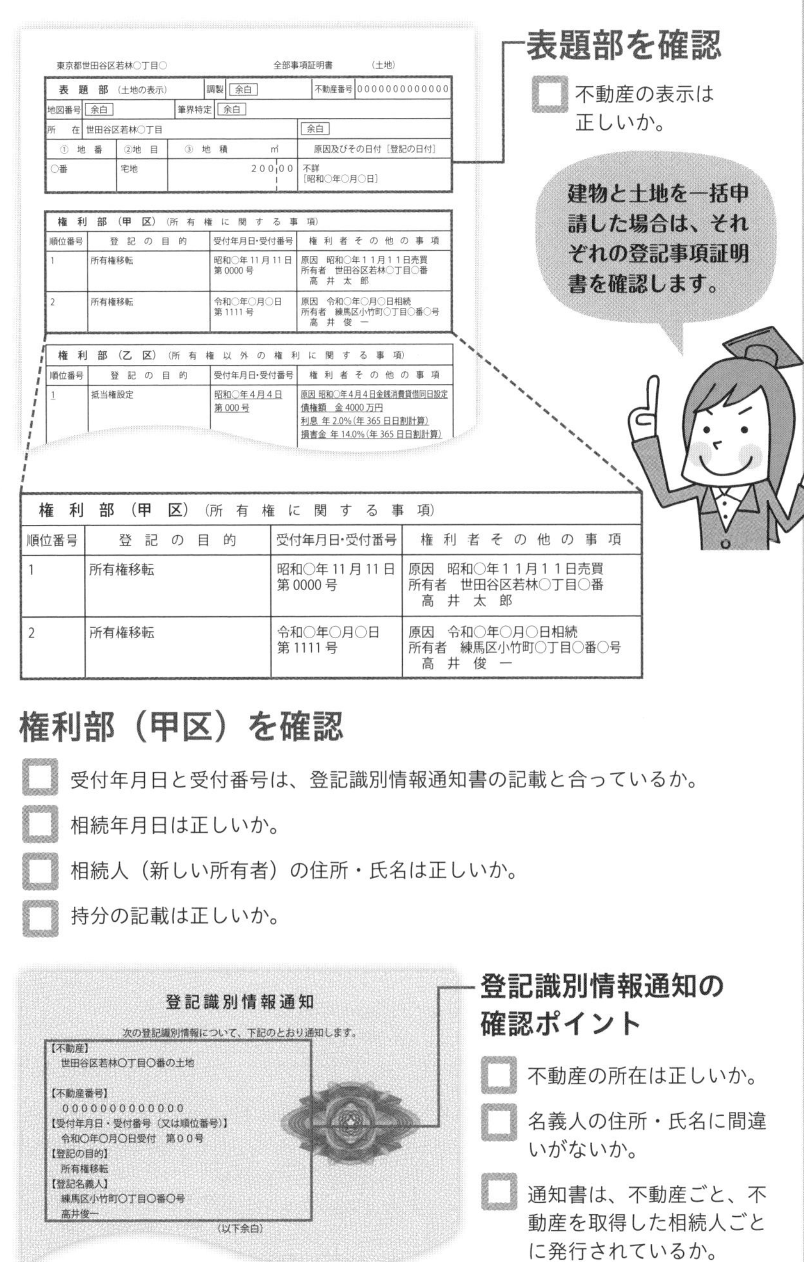

東京都世田谷区若林○丁目○　　　全部事項証明書　　（土地）

表　題　部（土地の表示）		調製	余白	不動産番号	0000000000000
地図番号	余白	筆界特定	余白		
所　在	世田谷区若林○丁目			余白	
①　地　番	②地　目	③　地　積　㎡		原因及びその日付［登記の日付］	
○番	宅地	200 00		不詳 ［昭和○年○月○日］	

権　利　部（甲　区）（所　有　権　に　関　す　る　事　項）			
順位番号	登　記　の　目　的	受付年月日・受付番号	権　利　者　そ　の　他　の　事　項
1	所有権移転	昭和○年11月11日 第0000号	原因　昭和○年11月11日売買 所有者　世田谷区若林○丁目○番 高　井　太　郎
2	所有権移転	令和○年○月○日 第1111号	原因　令和○年○月○日相続 所有者　練馬区小竹町○丁目○番○号 高　井　俊　一

権　利　部（乙　区）（所　有　権　以　外　の　権　利　に　関　す　る　事　項）			
順位番号	登　記　の　目　的	受付年月日・受付番号	権　利　者　そ　の　他　の　事　項
1	抵当権設定	昭和○年4月4日 第000号	原因 昭和○年4月4日金銭消費貸借同日設定 債権額　金4000万円 利息 年2.0％（年365日日割計算） 損害金 年14.0％（年365日日割計算）

表題部を確認

- □ 不動産の表示は正しいか。

権　利　部（甲　区）（所　有　権　に　関　す　る　事　項）			
順位番号	登　記　の　目　的	受付年月日・受付番号	権　利　者　そ　の　他　の　事　項
1	所有権移転	昭和○年11月11日 第0000号	原因　昭和○年11月11日売買 所有者　世田谷区若林○丁目○番 高　井　太　郎
2	所有権移転	令和○年○月○日 第1111号	原因　令和○年○月○日相続 所有者　練馬区小竹町○丁目○番○号 高　井　俊　一

権利部（甲区）を確認

- □ 受付年月日と受付番号は、登記識別情報通知書の記載と合っているか。
- □ 相続年月日は正しいか。
- □ 相続人（新しい所有者）の住所・氏名は正しいか。
- □ 持分の記載は正しいか。

登記識別情報通知

次の登記識別情報について、下記のとおり通知します。

【不動産】
世田谷区若林○丁目○番の土地

【不動産番号】
0000000000000

【受付年月日・受付番号（又は順位番号）】
令和○年○月○日受付　第００号

【登記の目的】
所有権移転

【登記名義人】
練馬区小竹町○丁目○番○号
高井俊一

（以下余白）

登記識別情報通知の確認ポイント

- □ 不動産の所在は正しいか。
- □ 名義人の住所・氏名に間違いがないか。
- □ 通知書は、不動産ごと、不動産を取得した相続人ごとに発行されているか。

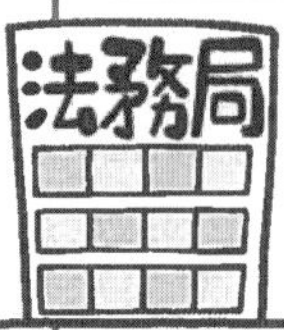

氏名や住所が変わったときも登記を申請する

登記した氏名や住所に変更があったら変更登記が必要。亡くなった人との共有名義の不動産の変更なら、相続登記と一緒に行う。

■ 未変更なら不動産取引に支障がある

相続登記は所有権の移転登記ですが、そのほか、**氏名や住所の変更があったときはそのつど変更登記が必要です。変更していないと、その不動産を売却したり、その不動産を担保に金銭を借りるといった場合に支障があります。**

相続登記との関連では、亡くなった人と不動産を共有していた相続人（共有者）について、住所が引っ越しなどで変わっている、結婚や離婚で氏名が変わっているといった場合、相続登記と合わせて住所変更登記や氏名変更登記を行います。なお、亡くなった人に関する過去の住所変更などは、相続登記で変更されるので変更登記の申請は不要です。

■ 変更を証明する書類を提出する

それぞれ、右ページのように登記申請書を作成します（法務局のホームページに様式あり）。**必要書類（添付情報）として、氏名変更の登記では戸籍（除籍）謄本や住民票など、住所変更の登記では住民票や戸籍の附票など住所変更の履歴を証明する書類などを一緒に提出します。**

登録免許税は、不動産１筆（１個）ごとに1000円です。たとえば、自宅などで、建物とその土地がある場合は2000円となります。

なお、氏名や住所の変更登記は、令和８年４月から相続登記と同じように義務となります（→ 162ページ）。

ひとくちメモ	**合わせて申請もできる**　住所と氏名の変更登記は１つの申請書で一度に行うこともできる。別に申請するよりも登録免許税が少なくすむ。様式は法務局ホームページなどで確認を。

氏名変更登記、住所変更登記の登記申請書の例

氏名変更の登記申請書

登　記　申　請　書

登記の目的	1番所有権登記名義人氏名変更
原　　因	令和○年10月1日氏名変更
変更後の事項	氏名　小　原　静　香
申　請　人	八王子市明神町○丁目○番○号 小　原　静　香　㊞ 連絡先の電話番号090－0000－0000
添付情報	登記原因証明情報

令和○年10月30日申請　東京法務局　八王子市局

登録免許税　金2,000円

不動産の表示

登録免許税は1つの不動産につき1000円。

登記の目的
「○番所有権登記名義人氏名変更」とする。○番は甲区の順位番号。

原因
結婚や離婚などの届出日に「氏名変更」と加える。

変更後の事項
変更後の氏名を記入する。

申請人
登記名義人の住所・現在の氏名を記入して押印する（認印可）。

添付情報
「登記原因証明情報」と記入する。

住所変更の登記申請書

登　記　申　請　書

登記の目的	1番所有権登記名義人住所変更
原　　因	令和○年3月15日住所移転
変更後の事項	住所　横浜市港北区菊名○丁目○番○号
申　請　人	横浜市港北区菊名○丁目○番○号 森　田　健　司　㊞ 連絡先の電話番号090－0000－0000
添付情報	登記原因証明情報

令和○年4月1日申請　横浜地方法務局　港北出張所

登録免許税　金2,000円

不動産の表示

登録免許税は1つの不動産につき1000円。

登記の目的
「○番所有権登記名義人住所変更」とする。○番は甲区の順位番号。

原因
住所を移転した日（転入日）に「住所移転」と加える。

変更後の事項
変更後の住所を記入する。

申請人
登記名義人の現在の住所・氏名を記入して押印する（認印可）。

添付情報
「登記原因証明情報」と記入する。

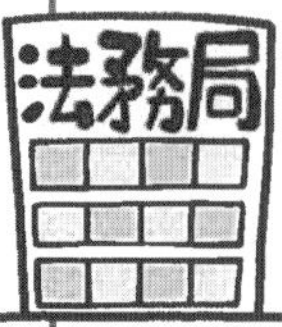

氏名や住所の変更登記も「しなければならない」ことになる

相続登記と同様に、氏名や住所の変更登記も義務化される。ペナルティもあるのですみやかに対応しよう。

■ 令和8年4月から義務化が始まる

現在、氏名変更登記と住所変更登記をするかどうかは任意です。そのため、これまでは手間や費用の問題から、積極的に行われないこともありました。そこで法改正が行われ、**令和8年4月から、氏名変更登記と住所変更登記はどちらも義務化されることになりました。**相続登記の義務化と同様、所有者不明土地の発生を予防する措置の1つでもあります。

申請の期限は、氏名や住所の変更から2年以内です。また、令和8年3月以前に行われた変更も対象になります。この場合は、施行（令和8年4月1日）から2年以内が期限になります。

正当な理由がなく、申請期限までに登記申請が行われていなかった場合には、5万円以下の過料となる可能性があります。

■ 自動的な登記内容の変更も

義務化が始まる令和8年4月から、**氏名や住所の変更について住基ネットなどとの連携により、法務局が職権によりその変更を行えるしくみが始まります。**このしくみにより、登記手続きの負担が軽くなります。

登記名義人は、事前に生年月日などの「検索用情報」を法務局に提供しておき、法務局がこの情報によるチェックで確認した変更事項を、登記名義人の了解を得た上で登記記録に反映するものです。

ひとくちメモ	**DV被害者等の保護**　DVやストーカー被害者は、本人の申し出により、登記事項証明書などに記載する住所を、弁護士や支援団体、法務局の住所などにすることができるようになった。

「2年以内」の変更登記が義務になる

1 令和8年4月以降に行われる変更

▶住所や氏名を変更した日から2年以内に変更登記を行う。

令和8年
4月1日
▽

住所や氏名を
変更した日
▼

2年以内

2 令和8年3月以前に行われた変更

▶令和8年4月1日（施行日）から2年以内に変更登記を行う。

住所や氏名を
変更した日
▽

令和8年
4月1日
▼

令和10年
3月31日
▼

2年以内

市区町村への転入・転出や婚姻などの届け出内容を、そのまま登記情報に反映するしくみもつくられます。このしくみを利用すれば、変更登記をしなくてもよくなります。

注意！ 正当な理由がなく、期限内に変更登記をしていなかった場合には、5万円以下の過料となる可能性がある。

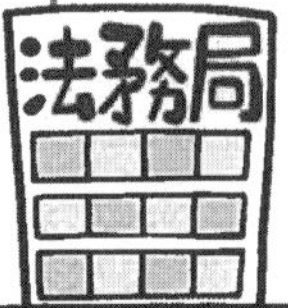

抵当権がなくなる場合は抹消登記を忘れずに

相続後に、抵当権を抹消する登記を行う場合は、相続人が相続登記と一緒に申請する。

■ 抹消登記を相続人が行うケース

抵当権とは、金銭の貸し借りの際、返済できなかった場合に備えて、借り手の持つ不動産に貸し手が設定する権利です。担保ともいわれます。返済が滞(とどこお)った場合、貸し手はその不動産から優先的に弁済を受けられます。**返済が完了したら、その抵当権を抹消する登記（抵当権抹消登記）を行います。**

亡くなっていた人がローンを組んでいて、亡くなった後に団体信用生命保険などによりローンが完済されたという場合、相続人は相続登記の後に抵当権を抹消する登記をします。また、亡くなる前に被相続人が借金を完済していたが抹消登記をしていなかったという場合も、相続人が抹消登記を行います。登記簿に抵当権がついたままだと、不動産の売却などは困難です。

■ 登記申請は抵当権者と共同で行う

登記申請は、原則として貸し手（抵当権者）と共同で行います。ただし、**抵当権者が金融機関の場合は、金融機関からの委任状により、相続人がその代理人として登記を申請します。**登記申請書は右ページのように作成します（法務局のホームページに様式あり）。

必要書類（添付情報）は、抵当権設定時に金融機関に発行された登記識別情報通知書、金融機関などが発行する解除証書や弁済証書などです。抵当権抹消登記の登録免許税は、１つの不動産につき 1000 円です。

ひとくちメモ	**資格証明情報**　抵当権者が法人の場合に添付する、登記申請前３か月以内に発行された代表者事項証明書など。会社法人等番号を記載すれば提出を省略できる。

抵当権抹消登記の登記申請書の例

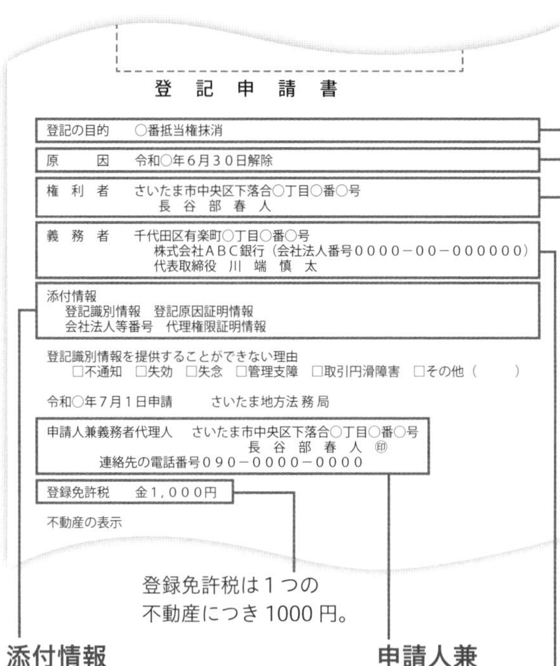

登記申請書

登記の目的　○番抵当権抹消

原　因　令和○年6月30日解除

権利者　さいたま市中央区下落合○丁目○番○号
長谷部春人

義務者　千代田区有楽町○丁目○番○号
株式会社ＡＢＣ銀行（会社法人番号０００００−００−００００００）
代表取締役　川端慎太

添付情報
登記識別情報　登記原因証明情報
会社法人等番号　代理権限証明情報

登記識別情報を提供することができない理由
□不通知　□失効　□失念　□管理支障　□取引円滑障害　□その他（　）

令和○年７月１日申請　さいたま地方法務局

申請人兼義務者代理人　さいたま市中央区下落合○丁目○番○号
長谷部春人 ㊞
連絡先の電話番号０９０−００００−００００

登録免許税　金１,０００円

不動産の表示

登記の目的

「○番抵当権抹消」とする。

- ○番は乙区の順位番号。
- 複数の不動産が対象なら、「抵当権抹消（順位番号後記の通り）」として、それぞれ「不動産の表示」の最後に、(順位１番)（順位３番）などと順位を記入する。

原因

「(抵当権の設定契約が解除された年月日）解除」などとする。

- 解除証書や弁済証書で確認する。

権利者

不動産を取得した相続人など、不動産の所有者の住所、氏名。

義務者

抵当権者が会社の場合、本店、商号、代表者名。

登録免許税は１つの不動産につき1000円。

添付情報

登記済証（または登記識別情報）…抵当権の設定をしたときの登記済証か登記識別情報。

登記原因証明情報…抵当権者の発行した解除証書や弁済証書など。

会社法人等番号…この記載により、その会社の資格証明情報が不要になる。

代理権限証明情報…抵当権者が所有権者に申請を依頼する場合などの委任状。

申請人兼義務者代理人

登記名義人の住所・氏名を記入して押印する（認印可）。

抵当権抹消後の登記事項証明書の例（権利部・乙区）

抹消された抵当権に下線が引かれる。

次の順位番号に、抵当権抹消登記の内容が記載される。

権利部（乙区）（所有権以外の権利に関する事項）			
順位番号	登記の目的	受付年月日・受付番号	権利者その他の事項
1	抵当権設定	平成○年4月4日 第000号	原因 平成○年4月4日金銭消費貸借同日設定 債権額 金4000万円 利息 年2.0%（年365日日割計算） 損害金 年14.0%（年365日日割計算） 債務者 町田市原町田○丁目○番 長谷川朝彦 抵当権者 新宿区○○町○丁目○番○号 株式会社ABC銀行
2	1番抵当権抹消	令和○年○月○日 第0000号	原因 令和○年○月○日解除

パート5　法務局に相続登記を申請しよう

配偶者は「自宅に住み続ける権利」を取得できる

配偶者居住権は、亡くなった人の配偶者が自宅に住み続けるための権利。登記しておくことで、権利を明確にすることもできる。

■ 配偶者が相続で不利にならないために

配偶者居住権は、残された配偶者が被相続人の所有していた自宅に住み続ける権利です。所有権は他の相続人などが持ちます（負担付所有権）。配偶者が相続で不利にならないようつくられた権利です。

配偶者が亡くなるまで確実に住むことができるほか、所有権より評価額が低いため、その分現金などの財産を相続できるといったメリットがあります。ただし、配偶者居住権は第三者に売却できない（配偶者居住権を放棄して、所有者に対価を求めることはできる）、リフォームや賃貸を行うには、原則として所有者の許諾が必要になるといった注意点もあります。

■ 配偶者居住権は登記もできる

配偶者居住権は、被相続人が遺言書に記載しておくほか、遺産分割協議によってその権利を得ることができます。義務ではありませんが、登記もできます（配偶者居住権設定登記）。登記をしておくことで、所有権を第三者に売却された場合などに配偶者居住権を主張できます。登記できるのは建物です。相続登記が完了した後に、配偶者本人と建物の相続人（所有者）が共同で申請します。登録免許税は建物の不動産価格× 0.2％です。

また配偶者には、遺産分割協議終了まで（または相続開始から６か月）は、無償で自宅に住むことができる「配偶者短期居住権」という権利もあります。

ひとくちメモ　**配偶者居住権の評価額**　固定資産税評価額から負担付所有権分を差し引いた残りの金額が評価額。配偶者居住権と負担付所有権の割合など、計算はやや複雑なので専門家に相談を。

配偶者居住権は登記できる

配偶者居住権のメリット

建物(自宅)の
所有権

相続

配偶者

配偶者
居住権

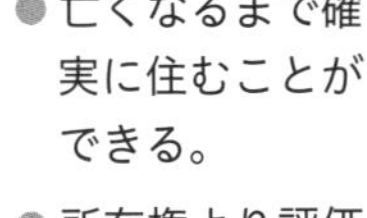

- 亡くなるまで確実に住むことができる。
- 所有権より評価額が低いため、現金などほかの財産を相続できる。

子など

負担付
所有権

登記すれば権利をあきらかにできる（登記は義務ではない）。

配偶者居住権の登記申請書の例

※遺産分割協議により、配偶者が配偶者居住権を取得した場合。

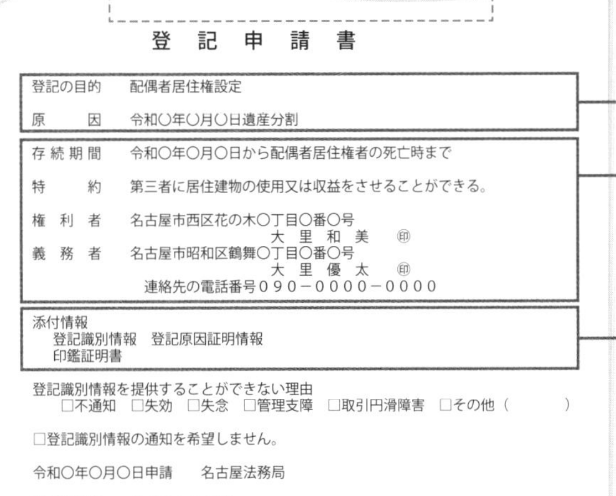

登　記　申　請　書

登記の目的　配偶者居住権設定
原　　因　令和〇年〇月〇日遺産分割

存続期間　令和〇年〇月〇日から配偶者居住権者の死亡時まで
特　　約　第三者に居住建物の使用又は収益をさせることができる。
権 利 者　名古屋市西区花の木〇丁目〇番〇号
　　　　　大 里 和 美　㊞
義 務 者　名古屋市昭和区鶴舞〇丁目〇番〇号
　　　　　大 里 優 太　㊞
　　　　　連絡先の電話番号090－0000－0000

添付情報
　登記識別情報　登記原因証明情報
　印鑑証明書

登記識別情報を提供することができない理由
　□不通知　□失効　□失念　□管理支障　□取引円滑障害　□その他（　　　）

□登記識別情報の通知を希望しません。

令和〇年〇月〇日申請　名古屋法務局

課税価格　金2000万円

登録免許税　金4万円

不動産の表示

登記の目的、原因
登記の目的は「配偶者居住権設定」とする。原因は遺産分割協議成立の日（この例の場合）。

権利の内容
配偶者居住権の存続期間や、権利者（配偶者居住権を取得した人）、義務者（建物の所有者）などを記入する。

添付情報
相続登記で交付された登記識別情報通知書、登記原因証明情報（配偶者居住権設定についての報告書類）、義務者の印鑑証明書など。

巻末資料

相続について相談するなら ここへ

相続登記についての専門家は司法書士です。また、法務局ではさまざまな情報を得ることもできます。その他、ケースにより相談する専門家について知っておきましょう。ただし、専門家への相談・依頼には費用がかかることになるので、事前の確認が必要です。

相続登記について相談したい

司法書士総合相談センター

- 各地域の司法書士会が設置している（全国約150か所）。
- 自治体が無料相談会を行っていることもある。

▶ 日本司法書士会連合会ホームページや司法書士会ホームページなどをチェック。

相続登記の手続きや登記申請書の書き方について知りたい

法務局ホームページ
（https://houmukyoku.moj.go.jp/）

- ケースごとの「登記手続ガイドブック」をダウンロードできる。

事前予約による「登記手続案内」

- 法務局の担当者に登記手続きの説明を受けることができる。
- 電話、窓口、ウェブ会議サービスを選べる（1回20分以内）。

▼法務局ホームページのトップ画面

相続登記全般について知りたい、登記手続きを依頼したい

司法書士

主に登記を中心とした法律事務を行う専門家。

相続登記に関する相談、財産調査や相続登記の必要書類の収集や作成、登記申請の代行を依頼できる。

司法書士を探す　日本司法書士会連合会ホームページ（https://www.shiho-shoshi.or.jp）など

そのほかの相続手続きなら

税理士

税金に関する専門家

相続税の相談、財産調査や相続税の申告書の作成、申告の代行を依頼できる。

税理士を探す　日本税理士会連合会（https://www.nichizeiren.or.jp/）など

弁護士

法的な紛争全般を扱う専門家

遺産分割などの相続トラブルを相談できる。遺言の検認や相続放棄の手続きを依頼できる。

弁護士を探す　日本弁護士連合会（https://www.nichibenren.or.jp/）など

土地家屋調査士

不動産登記に必要な不動産の調査や測量を行う専門家

分筆登記を行う場合など、不動産の調査・測量を依頼できる。

土地家屋調査士を探す

日本土地家屋調査士会連合会ホームページ（https://www.chosashi.or.jp）など

こうした専門家は連携していることもあります。たとえば、司法書士に相談することで、必要ならほかの専門家を紹介してもらえる場合もあります。

行政書士

市区町村など官公署に提出する書類を作成する専門家

遺言書や遺産分割協議書の作成のほか、財産調査などを依頼できる。

行政書士を探す　日本行政書士会連合会（https://www.gyosei.or.jp）など

さくいん

さ

た

な

は